어린이 외교관 중국에 가다

어린이 외교관 중국에 가다

초판 1쇄 펴냄 2006년 7월 3일
개정판 1쇄 펴냄 2011년 10월 17일
　　　26쇄 펴냄 2019년 1월 4일

지은이 김용수
그린이 김주리
펴낸이 고영은 박미숙

펴낸곳 뜨인돌출판(주) | 출판등록 1994.10.11.(제406-251002011000185호)
주소 10881 경기도 파주시 회동길 337-9
홈페이지 www.ddstone.com | 블로그 blog.naver.com/ddstone1994
페이스북 www.facebook.com/ddstone1994 | 노빈손 www.nobinson.com
대표전화 02-337-5252 | 팩스 031-947-5868

ⓒ 2006 김용수

ISBN 978-89-5807-348-2　73910
CIP2010002414

이 책에 실린 사진은 저자, 서울신문, 연합뉴스와 정식 계약한 것임을 밝혀 둡니다.
허락 없이 무단 전재와 복제를 금합니다.

어린이제품안전특별법에 의한 제품표시
제조자명 뜨인돌어린이　**제조국명** 대한민국　**사용연령** 만 6세 이상

어린이 외교관 중국에 가다

글 김용수 | 그림 김주리

뜨인돌어린이

중국에 대한 이중적인 시각

우리에게 중국은 어떤 나라일까? 옛날, 중국은 우리나라에 한자를 비롯해서 과거 제도, 불교, 유교 등 많은 문화를 전해 주었단다. 특히 임진왜란 때에는 우리나라를 도와 일본을 함께 무찌르기도 했던 고마운 나라야. 하지만 수나라와 당나라, 원나라, 청나라 때에는 우리나라를 침략하기도 했고, 최근에는 고구려 역사 왜곡으로 온 국민을 분노하게 했지. 이처럼 중국은 우리에게 친근하고도 얄미운 나라야.

우리나라가 일본의 식민지에서 해방된 이후 남북한이 분단되고 중국에 사회주의 국가가 들어서면서 중국과 우리나라는 사이가 멀어지게 되었어. 특히 1950년에 일어난 한국전쟁 때 중국이 북한을 도우면서 우리나라와 중국의 관계는 아주 나빠졌단다. 그 후 우리나라와 중국은 한동안 아무런 교류도 없었지. 그러다가 1970년대 말 중국이 개혁 개방에 나서면서 1980년대에 들어 경제 교류가 활발해졌어. 급기야 우리나라는 국제사회에서 급부상한 중국의 위상과 한·중 경제 교류를 감안해 1992년에 타이완과 국교를 끊고 중국과 수교하게 되었단다. 한·중 수교 이후 우리나라와 중국의 관계는 아주 가까워졌지.

수교 이후 우리에게 중국은 '뜨는 나라' 혹은 '기회의 땅'으로 인식되어 많은 유학생과 사업가들이 너도나도 중국으로 달려가는 현상이 나타나고 있어. 중국이 국제사회에서 미국을 상대할 수 있는 유일한 군사대국으로 급부상했고 경제대국으로 거듭나고 있기 때문에 당분간 이러한 현상은 쉽게 식지 않을 거야.

조선 시대까지만 해도 중국은 엄청난 선진국이자 강대국이었어. '중국이 세상의 중심이다'라는 중화사상으로 무장한 중국은 자기네에게 복종하지 않는 주변 국가들을 무자비하게 정복해 버리는 무시무시한 나라였단다. 그래서 현재와 같은 넓디넓은 땅덩어리를 갖게 된 것이지. 우리나라는 생존을 위해 때로는 중국의 비위를 맞추기도 했고 때로는 중국과 많은 전쟁을 치렀지만 고구려가 멸망한 이후부터는 대부분 중국에 지고 말았단다.

하지만 지금은 사정이 달라. 우리의 첨단 기술은 중국을 앞서고 있고,

국제사회에서는 중국과 어깨를 나란히 하고 있지. 또한 중국 내에는 한류열풍이 거세게 불고 있어서 우리나라 대중문화와 상품은 우리가 상상하는 것 이상으로 중국에서 인기가 아주 높단다.

그렇지만 중국도 옛날의 중국이 아니야. 19세기 말 서구 열강에 무릎을 꿇은 이후 한동안 국제무대에서 사라졌지만 1970년대 말 개혁 개방 이후 다시 강대국으로 우뚝 섰지. 비록 중국 사람들에 대한 편견과 불법 취업자들 때문에 중국에 대한 부정적인 이미지가 있긴 하지만 그건 어디까지나 중국의 한 단면일 뿐이야. 21세기를 맞아 우리나라가 세계를 이끌기 위해서는 커다란 힘을 가지고 꿈틀거리고 있는 거대한 용인 중국과 손을 잡아야 한다는 것은 피할 수 없는 사실이야. 그래서 미래에는 보다 많은 중국 전문가가 필요하단다.

모두들 중국에 대해 많이 안다고 생각하는 거 같아. 우리나라 사람들은 대부분 한자와 중국 역사를 공부하고, 『삼국지』 등 중국 고전을 읽으면서 자랐기 때문이지. 그러나 중국은 많이 알고 있는 것 같으면서도 막상 제대로 알려고 덤벼들면 더욱더 어려워지는 나라란다. 중국은 수천 년의 역사와 우리나라의 약 100배나 되는 땅덩어리를 갖고 있으며, 56개의 민족이 모여 사는 다민족 국가이기 때문에 쉽게 이해할 수 있는 나라가 아니야. 그래서 중국의 겉모습만 보고 아무런 준비 없이 달려가는 것은 정말 위험천만한 일이란다.

중국은 우리나라와 역사적으로 매우 밀접한 관계를 가진 나라야. 또 통일이 되면 우리나라와 국경을 맞대고 살아야 하는 이웃 나라지. 거대한 공룡 같은 중국을 극복하려면 중국을 제대로 알아야 해. 그럼 지금부터 중국에 대해 자세히 알아볼까?

한동안 중국에 대한 서적들이 홍수처럼 쏟아져 나왔습니다. 그러나 어린이와 청소년들의 눈높이에 맞춰서 중국에 대해 자세하고 정확하게 소개해 주는 책은 없었습니다. 필자는 앞으로 우리나라를 짊어지고 나갈 어린이들에게 중국에 대한 정확한 정보를 제공해야겠다는 절박한 심정에서 이 책을 쓰기로 마음먹었습니다. 그 뒤 기자 생활을 하면서 중국 취재와 여행, 그리고 중국 연수를 통해 틈틈이 수집한 자료와 연구 결과들을 바탕으로 책을 써 내려가면서, 중국에 대한 편견을 버리고 기자의 입장에서 사실을 정확하게 전달하려고 애썼습니다.
이 책이 앞으로 중국과 함께 경쟁하고 도와가며 세계를 이끌 미래의 중국 전문가들에게 큰 도움이 될 것이라 확신합니다.

김용수

| 차례 |

중국에 대한 이중적인 시각 ★ 4
외교관이 되고 싶어요 ★ 10
나는 중국에 대해 얼마나 알고 있을까? ★ 12
주중국 한국 대사관 ★ 14

1장 　 중국은 어떻게 태어났을까?
진시황과 중국의 통일 ★★★ 18 ｜ 마지막 황제와 제국의 몰락 ★★★ 25
대장정과 중화인민공화국의 탄생 ★★★ 32

2장 　 중국은 어떤 나라일까?
중국은 얼마나 클까? ★★★ 38 ｜ 중국의 지형과 기후 ★★★ 44
귀신도 모르는 중국의 인구 ★★★ 50 ｜ 56개 민족이 뒤섞여 사는 나라 ★★★ 56
비운의 땅 타이완 ★★★ 64 ｜ 보통화와 간체자의 나라 ★★★ 68

3장 　 중국을 움직이는 힘
중국의 3대 핵심 권력 ★★ 76 ｜ 중국의 군사력 ★★ 82
중국의 외교 전략 ★★ 86 ｜ 세계를 휩쓰는 중국의 경제력 ★★ 91
중국의 교육 제도 ★★ 97

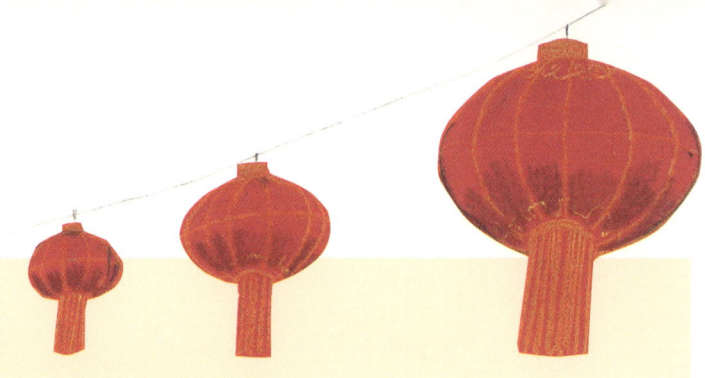

4장　중국의 고민

초고속 성장의 후유증 ★★★ 104 ｜ 중국의 작은 황제들 ★★★ 111
긴장 속의 시짱과 신장 ★★★ 115 ｜ 타이완과 전쟁을 할까? ★★★ 123
'석유 먹는 하마'의 비운 ★★★ 127

5장　중국 사람들은 어떻게 살아갈까?

관시 없으면 사회생활 힘들어 ★★★ 132 ｜ 자전거 없인 못 살아 ★★★ 135
복제품과 함께 사는 중국 사람들 ★★★ 140 ｜ 중국 사람들은 못 먹는 게 없어 ★★★ 145

6장　중국 사람들의 국민성

만만디에 대한 오해 ★★★ 152 ｜ 뿌리 깊은 중화사상 ★★★ 157
우회적 표현을 좋아하는 중국 사람들 ★★★ 161 ｜ 남에게 무관심한 중국 사람들 ★★★ 165
한국보다 더한 반일 감정 ★★★ 168 ｜ 모든 문화를 포용하는 중국 사람들 ★★★ 173

7장　우리나라와 중국

식을 줄 모르는 한류 열풍 ★★★ 178 ｜ 우리나라를 점령한 중국산 상품 ★★★ 182
중국판 역사 왜곡, 동북 공정 ★★★ 186 ｜ 모범적인 소수 민족, 조선족 ★★★ 192
넘쳐나는 한국 유학생 ★★★ 198

중국은 초강대국으로 우뚝 설 수 있을까? ★ 202

외교관이 되고 싶어요

외교관은 무슨 일을 할까?

19세기까지는 전쟁으로 국가 간의 문제를 해결했어. 하지만 두 번의 세계대전으로 세계 전체가 참담한 피해를 입었고, 그 후 전쟁보다는 대화와 이해로 국가 간의 문제를 풀어 가게 되었어. 그러면서 외교관의 역할은 더욱 다양해지고 중요해졌지.

외교관은 외교를 수단으로 국가 이익을 위해 일하는 국가공무원이야.

외교관은 자국의 안전과 이익을 위해 여러 가지 일들을 해당 나라의 외교관들과 잘 조정해야 하고, 전쟁이 일어났을 때는 비군사적인 방법으로 전쟁을 방지하고 평화를 유지하도록 노력해야 해. 그러기 위해서는 두 나라 간의 공통 관심사와 정책들을 살피며 우리 정부의 생각을 전달하고, 해당 나라가 정치, 경제적으로 큰 변화가 생기면 즉시 우리 정부에 알려야 해. 또 외국에 머물면서 우리나라와 해당 나라와의 외교 정책을 수립하기도 하고, 수시로 파견을 나가서 외교 활동을 벌이기도 하지. 그 밖에도 외교관은 세계 속에서 우리나라가 발전할 수 있도록 다양한 방법으로 돕는단다.

외교관이 되려면 어떻게 해야 할까?

외교관이 되려면 외교관 후보자 선발시험을 보거나, 경력경쟁 채용시험을 봐야 해.

공개시험인 외교관 후보자 선발시험은 나이가 스무 살 이상이며, 학력은 제한이 없어. 1년에 한 번 시행되고, 총 세 번의 시험을 봐야 해.

1차 시험은 필수과목과 선택 또는 지정과목, 2차 시험은 전공평가와 통합논술시험, 3차 시험으로 면접을 보지. 3차까지 합격하면 국립외교원에 들어가 외교관 연수를 받고, 연수에서 좋은 성적을 거두면 외교관으로 임용이 되는 거야.

경력경쟁 채용시험은 특수 분야 및 특수 언어를 전공하거나 경력을 쌓은 사람을 필요에 따라 비정기적으로 채용해.

외교관은 자국의 이익을 위해 외국과 우호적인 관계를 만들어야 해서, 외국인들과 의사소통을 잘해야 해. 각종 국제회의장이나 회담에서 상대국의 외교관과 대면하는 일이 많기 때문이지. 또 자국의 이익을 염두에 두며 일을 해야 하므로 애국심이 필요하며, 정치, 경제, 사회, 문화, 역사 등 각 분야에 대한 풍부한 상식과 교양을 갖춰야 해. 그 외에도 국제 매너와 모범적인 생활 자세를 갖춰야 한단다.

나는 **중국**에 대해 얼마나 알고 있을까?

▽ 다음을 읽고 해당하는 것에 체크해 보세요.

☐ 세계 지도에서 중국이 어디에 있는지 알고 있다.

☐ 중국의 면적이 세계에서 몇 번째로 큰지 알고 있다.

☐ 중국어로 간단한 인사말을 할 수 있다.

☐ 중국에 가 보거나 중국을 소개한 책을 읽어 본 적이 있다.

☐ 중국 하면 떠오르는 것이 세 개 이상 있다.

☐ 중국의 드라마나 영화를 본 적이 있다.

☐ 중국의 수도가 어디인지 알고 있다.

☐ 중국 음식인 마파두부와 탕수육 등을 먹어 본 적이 있다.

☐ 중국 역사 속 진시황이 어떤 일을 했는지 알고 있다.

☐ 공자, 맹자가 중국의 사상가인 것을 알고 있다.

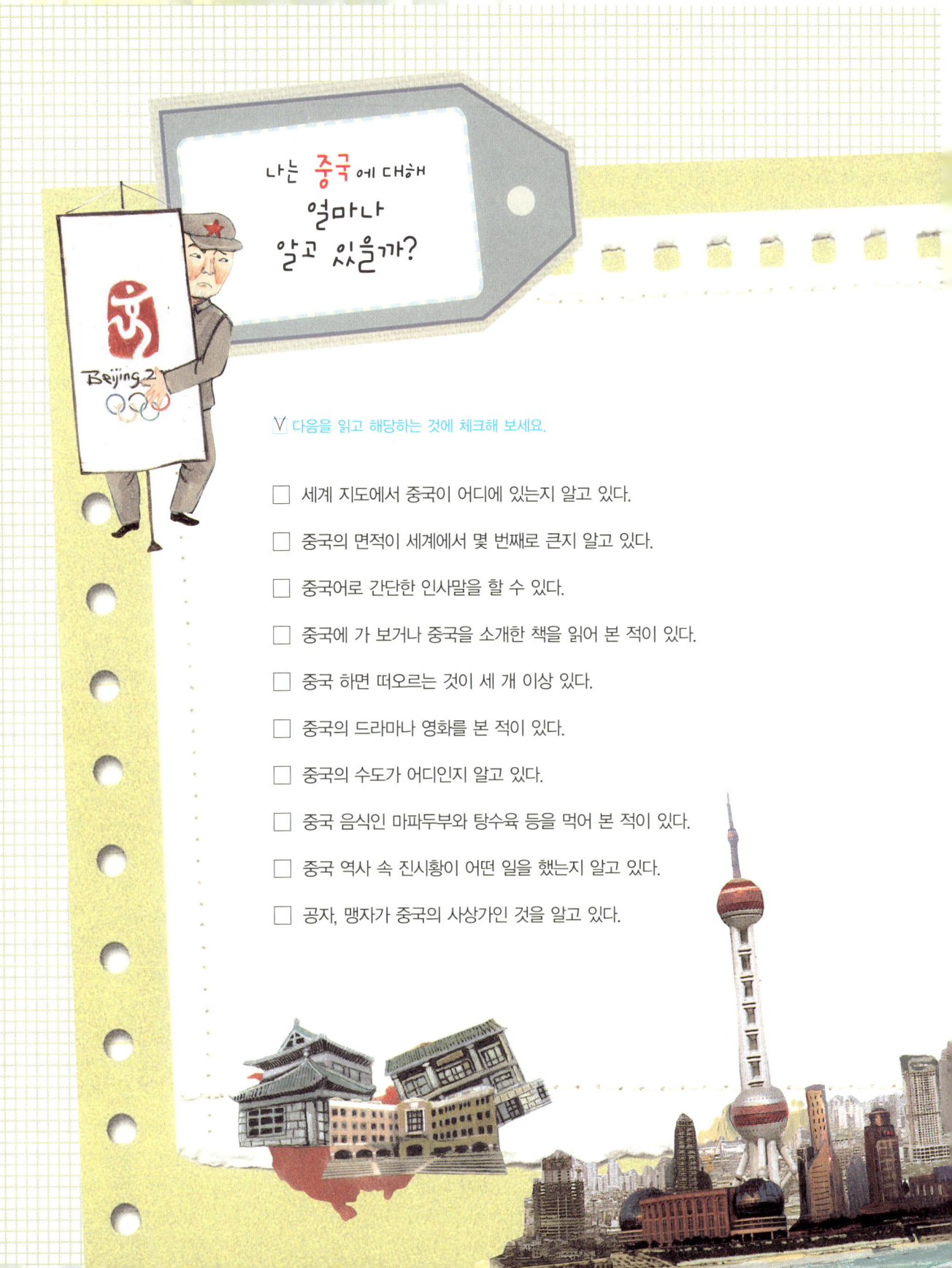

- ☐ 중국 사람들의 전통 의상을 본 적이 있다.
- ☐ 중국 도시 이름을 두 개 이상 알고 있다.
- ☐ 중국의 대표적인 전통 연극인 경극을 본 적이 있다.
- ☐ 중국의 화폐 단위가 무엇인지 알고 있다.
- ☐ 중국과 관련된 내용으로 인터넷 검색을 해 본 적이 있다.
- ☐ 중국의 국기가 어떻게 생겼는지 알고 있다.
- ☐ 세계문화유산인 중국의 만리장성, 자금성 등을 본 적이 있다.
- ☐ 중국 사람과 한 번이라도 이야기를 나눠 본 적이 있다.
- ☐ 중국인 친구를 사귀어 보고 싶다.
- ☐ 중국에 한번 가 보고 싶다.

1~6개
나는 중국을 아직 몰라

아직은 중국에 특별한 관심이 없구나. 하지만 괜찮아. 지금부터 알아 가면 되니까! 이 책을 덮는 순간 어린이 중국 외교관이 되어 있을 거야!

7~15개
중국에 관심은 좀 있지?

어느 정도 중국을 알고, 호기심도 가지고 있네. 그 기본기를 바탕으로 좀 더 실력을 키워 볼까? 머지 않았어. 중국 외교관이 되는 길!

16~20개
준비된 외교관 같아!

중국에 대해 관심도 많고 아는 것도 많은 친구. 넌 이미 중국 외교관이 될 자질이 충분해. 자, 어린이 외교관! 지금부터 떠나 볼까?

주중국 한국 대사관

　우리나라는 2011년 현재 세계 각국에 109개의 대사관과 42개의 총영사관, 4개의 대표부 등 총 155개의 공관을 두고 있어.

　이 중에서도 중국에 있는 주중 한국 대사관은 미국에 있는 주미 대사관 다음으로 중요한 의미를 갖고 있지. 중국은 우리나라의 외교에 있어서 최고의 관심 지역인 동북아시아에 위치하고 있고 지리적으로도 매우 가깝기 때문이야.

　또 중국은 우리나라와 역사적, 문화적으로 많은 공통점을 갖고 있을 뿐 아니라, 최근 우리나라의 많은 기업들이 진출하고 있고 유학생도 많아서 외교관의 역할이 점차 증가하고 있는 곳이지. 특히 북한의 핵 문제뿐만 아니라 탈북자 문제와 중국인 불법 체류자 문제 등 중국과는 머리를 맞대고 해결해야 할 문제가 참으로 많단다.

　주중 한국 대사관은 양국 간 경제 발전에 따른 경제 통상 분야의 마찰을 사전에 예방하고 외교 문제를 해결하는 역할을 하고 있어. 또 한류 열풍 등 양국 간의 대중 문화 발전에도 앞장서고 있으며, 중국 내에서 한글 학교를 운영하는 등 우리나라의 이미지를 좋게 알리는 데에도 힘쓰고 있지.

한편 중국에서 고구려 역사 왜곡 파동이 일어났을 때에는 중국의 지린성(吉林省) 지방 정부에 항의하는 등 사실을 바로잡기 위해 많은 노력을 기울였지.

특히 주중 한국 대사관은 북한을 탈출한 탈북자 문제에 많은 신경을 쓰고 있단다. 언제 탈북자들이 집단으로 대사관 안으로 진입할지 모르는 상황인 데다가 탈북자들이 중국에서 잡혀서 북한으로 송환되는 것 또한 막아야 하기 때문이지.

주중 한국 대사관의 역할은 여기서 끝나는 것이 아니야. 중국에 거주하는 우리나라 국민들을 보호하는 임무도 맡고 있어. 최근 중국 내에서 우리나라 사람들을 노린 범죄가 늘고 있기 때문이야. 하루에 1만 명 이상의 우리나라 관광객이 중국을 찾고 있고, 사업이나 공부 때문에 중국에서 살고 있는 우리나라 사람들만 해도 30만 명이 넘어. 중국 내에서 한국인 범죄 피해자는 1년에 1,000명이 넘는 실정이야. 그래서 주중 한국 대사관도 교민 안전 콜센터를 24시간 운영하는 등 항상 긴장을 늦추지 않고 있단다.

현재 주중 한국 대사관은 베이징(北京)의 외교 단지인 차오양구(朝陽區) 산리둔(三里屯)에 있어. 대사관 외에 총영사관은 상하이(上海), 칭다오(青島), 선양(沈陽), 광저우(廣州), 청두(成都), 시안(西安), 우한(武漢), 홍콩에 있단다. 우리나라와 중국의 교류가 늘어나면서 양국 간의 호혜적인 관계를 유지하는 데 있어서 주중 한국 대사관의 역할은 상당히 중요하다고 할 수 있어. 현재뿐만 아니라 미래의 한중 관계도 주중 한국 대사관의 역할에 달려 있단다.

1장

중국은 어떻게 태어났을까?

진시황과 중국의 통일

'중국(中國)'이라는 이름은 말 그대로 '세상의 중심에 있는 나라'라는 뜻이야. '중국'이라는 이름은 옛날부터 있었지만 일반적으로는 현재의 '중화인민공화국'을 가리키지. 청나라가 멸망하고 현재의 중국이 건국되는 과정은 한마디로 기적이라고 할 수 있어. 중국은 **세계 4대 문명** 중 하나인 황하 문명의 발상지인 만큼 오랜 역사를 갖고 있지. 약 4,000년 전부터 문자를 사용하기 시작했고 종이, 나침반, 화약, 인쇄술 등 4대 발명

세계 4대 문명
황하 문명, 메소포타미아 문명, 인더스 문명, 이집트 문명을 가리킨다. 4대 문명의 발상지는 모두 큰 강을 끼고 있으며 기후가 온난하고 땅이 비옥하다.

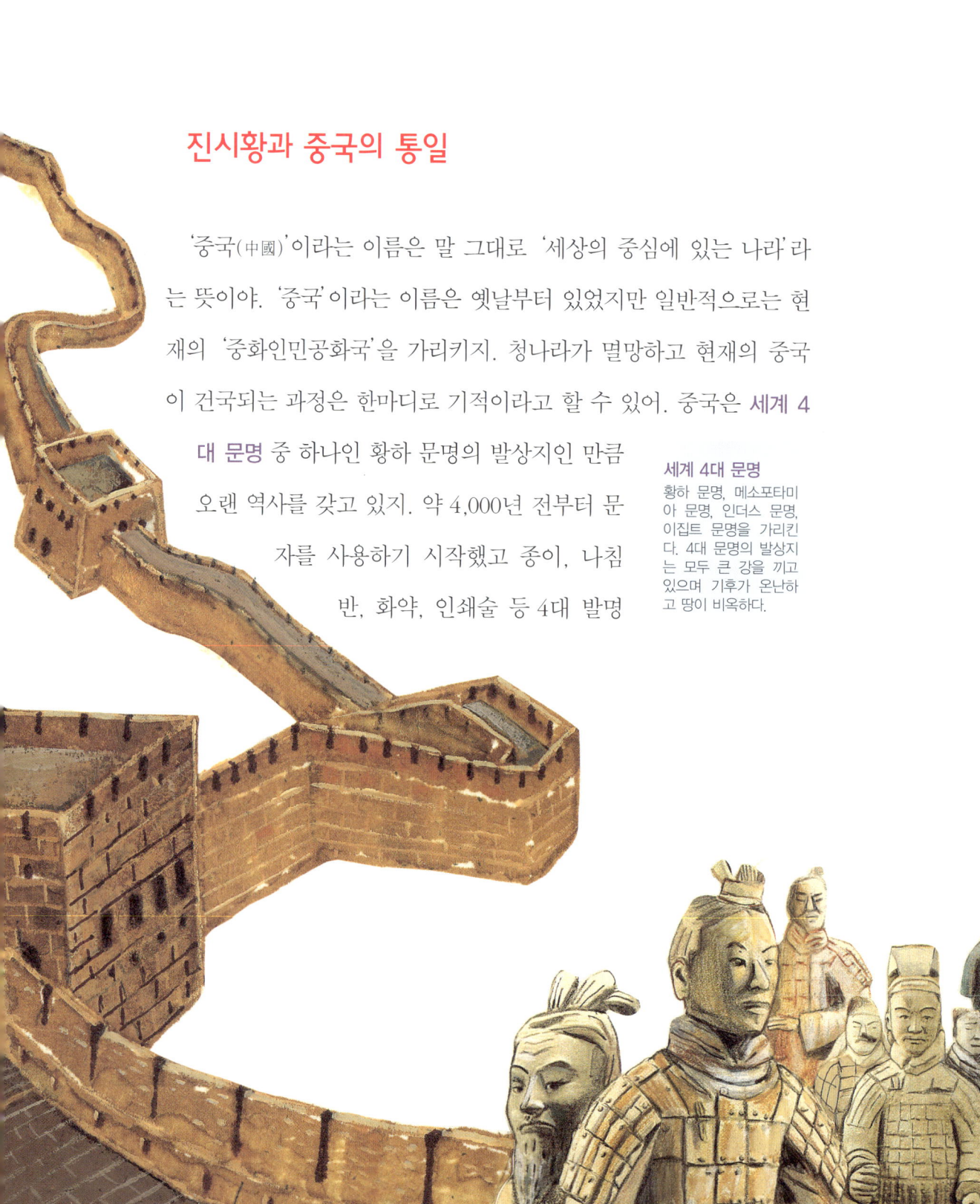

품을 갖고 있을 정도로 중국의 역사는 화려했단다.

중국의 역사는 너무 오래되고 복잡해서 책으로 몇십 권을 써도 모자랄 정도인데, 길고 긴 중국 역사를 왕조 순으로 정리하면 다음과 같아.

중국 최초의 국가는 기원전 21세기경에 세워진 하(夏)나라로 알려져 있어. 이후 상(商)나라와 주(周)나라를 거쳐 기원전 770년경부터 춘추 시대에 이어 전국 시대가 열렸어. 춘추 시대에는 무려 140개의 나라가 있었지만 전국 시대에는 큰 나라가 작은 나라를 집어삼키는 약육강식의 논리에

춘추 전국 시대
주나라가 망하고 진나라가 통일할 때까지의 약 500년간을 말한다. 이 시대에 크고 작은 나라가 서로 싸우는 모습에 빗대어 오늘날에는 강자도 약자도 없이 싸우는 형상을 말하는 용어로도 사용된다.

유가
공자의 가르침을 공부하고 따르는 학자나 학풍.

도가
노자와 장자의 사상을 가리키는 말.

따라 7개 나라만 살아남았단다.

공자와 맹자가 활동했던 시기도 바로 이 **춘추 전국 시대**야. 이때에는 **유가, 도가** 등 수없이 많은 사상이 등장했는데, 공자와 맹자의 유가 사상은 지금까지 중국을 지배해 오고 있어.

전국 시대의 7개 국가 중에서 **진시황**이 이끄는 진(秦)나라가 주변의 6개 나라를 차례차례 합병하여 중국 역사상 최초의 통일 국가를 세웠어. 만약 진시황이 중국을 통일하지 않았다면 중국에도 현재의 유럽처럼 서로 비슷한 여러 개의 나라가 존재할지도 몰라. 진시황은 통일 국가를 이룩하고 자

하 (BC 21세기~16세기)
상 (BC1500~1046)
주 (BC1046~771)
춘추 전국 시대 (BC771~221)
진 (BC221~207)
한 (BC202~AD220)

신의 통치를 강화하기 위해 모든 것을 통일하기 시작했단다. 문자와 도량형을 통일했으며, 심지어 도로의 폭과 수레바퀴의 크기까지 통일했지.

진시황은 또 군현제라는 것을 실시하여 최초의 중앙 집권 국가를 만들었어. 예전처럼 봉건 영주들에게 땅을 나눠 주는 것이 아니라 중국을 몇 개의 군이라는 행정 구역으로 나누고 다시 군을 더 작은 구역인 현으로 나눠 직접 통치했단다. 그래서 강력한 중앙 정부의 집권이 가능해졌지. 그전까지 중국은 유럽과 비슷한 봉건제 국가였는데 진시황 때는 중앙 정부가 지방에 관리를 보내 직접 통치한 거야.

진시황
진나라를 건설하고 중국 역사상 최초로 강력한 중앙 집권적 통일 제국을 이루었다. 최초로 황제라는 칭호를 사용했고, 먹으면 죽지 않는다는 불사초를 구하기 위해 노력했으며 아방궁, 만리장성, 병마용 등을 건설했다.

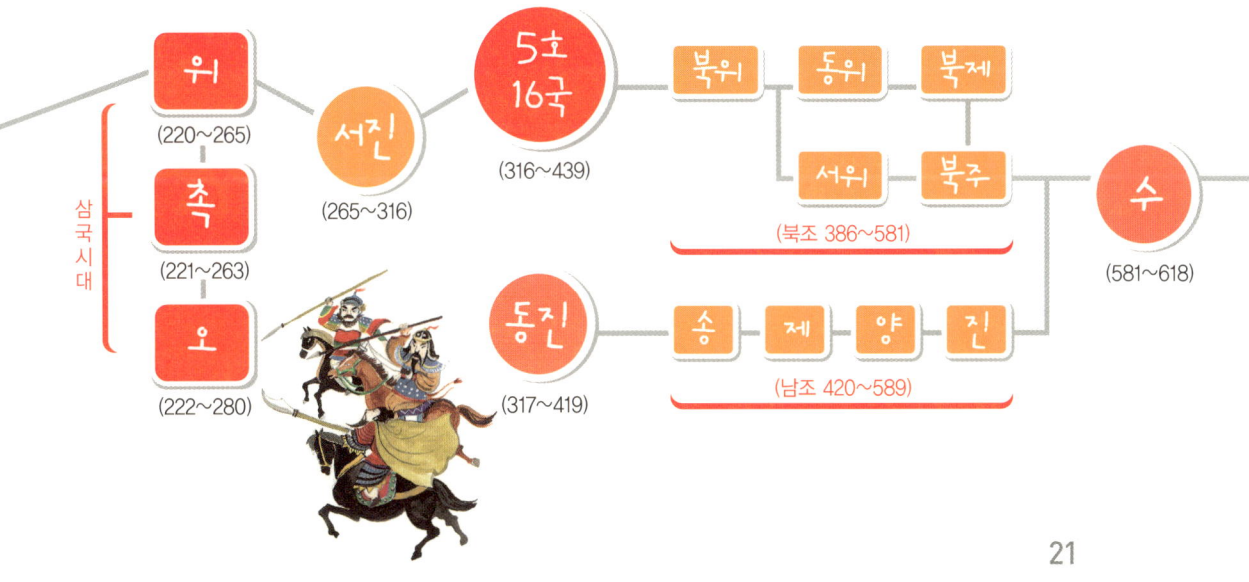

그러나 진시황은 북방 오랑캐를 막기 위해 만리장성을 쌓고 엄청나게 큰 궁전인 **아방궁**을 짓느라 백성들을 힘들게 했어. 결국 진시황이 죽은 뒤 15년 만에 진나라는 허무하게 멸망하고 말았단다.

진나라 이후 중국은 한(漢)나라를 거쳐 서기 220년부터 조조, 유비, 제갈공명 등이 활약하는 위·촉·오 삼국 시대가 열렸지만 끝내 진(晉)나라가 중국을 통일했지.

이후에 중국은 다시 남북조 시대를 거치면서 남북으로 갈라졌다가 581년에 수(隋)나라에 의해 다시 통일됐어. 수나라의 두 번째 황제인 양제는 사치와 낭비로 나랏돈을

아방궁
진시황이 미인들과 즐기기 위해 세운 궁전. 산시성 시안에 위치한 이 건물은 동서 약 700m, 남북 약 120m의 2층 건물로 1만 명을 수용할 수 있다.

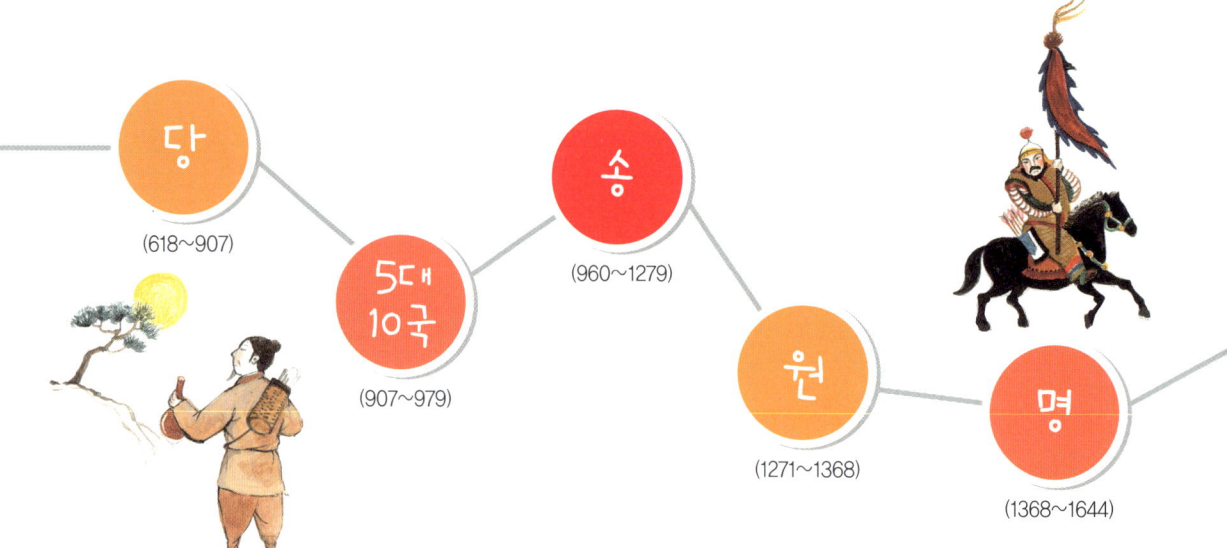

당 (618~907)
5대 10국 (907~979)
송 (960~1279)
원 (1271~1368)
명 (1368~1644)

다 써 버렸고 고구려를 침략했다가 실패하고 말았지. 결국 백성들의 반란으로 나라가 세워진 지 37년 만인 618년에 멸망했단다.

수나라 다음이 당(唐)나라야. 당나라는 약 300년간 문화의 꽃을 피웠지만 조정의 분열과 부패로 907년에 멸망하고 말았지.

당나라 멸망 이후 중국은 또 여러 나라로 나뉘었지만 송(宋)나라가 960년에 다시 통일했어. 송나라도 당나라 못지않게 문화가 발전했고 국제 교역도 늘어났지.

그러나 중국 북방에서 몽고족이 세운 나라인 원(元)나라가 1279년에 송나라를 무너뜨렸어. 칭기즈칸이 이끄는 원나라는 아시아는 물론 유

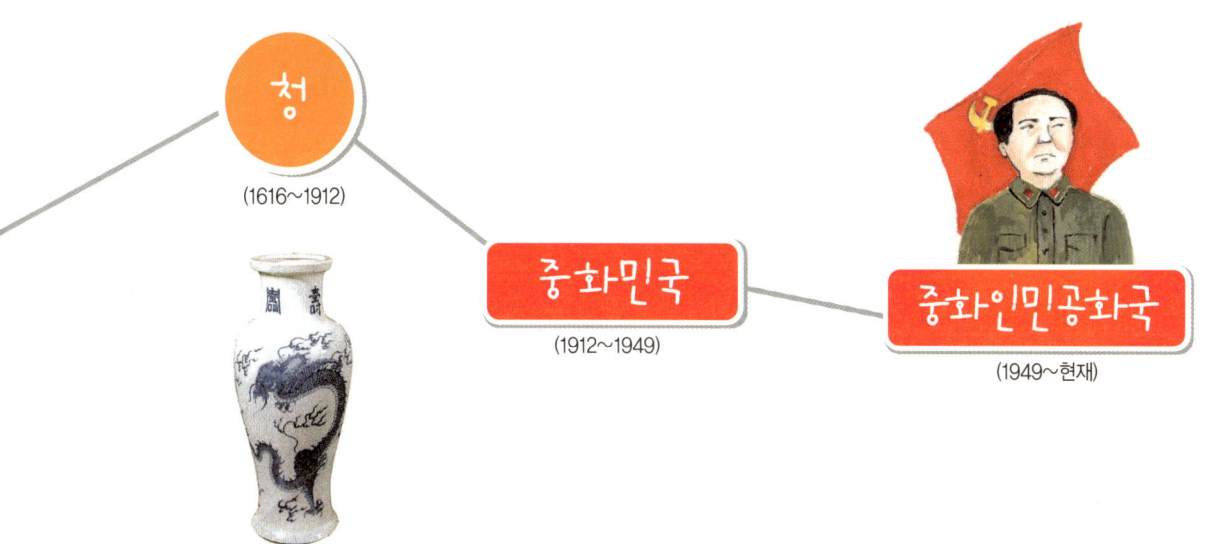

럽까지 휩쓰는 대제국을 건설했지. 그러나 원나라는 심한 민족 차별 정책을 폈고 이로 인해 중국 원주민인 한족(漢族)들의 저항이 거세져 결국 1368년 가난한 농민 출신인 주원장이 이끄는 명(明)나라에 의해 멸망하고 말았어.

명나라는 몽고족에게 빼앗긴 중국을 되찾아 한족이 지배하는 시대를 열었어. 그러나 임진왜란 때 우리나라에 군사를 보내는 바람에 동북 지역을 제대로 다스리지 못했지. 이 틈을 타서 동북 지역에 살던 만주족들은 명나라의 지배를 벗어나 세력을 키워 가기 시작했고, 마침내 후금(後金)이라는 나라를 세웠단다.

명나라는 276년간 지속됐으나 1644년 이자성이 일으킨 농민 반란으로 멸망했어. 반란군이 몰려오자 명나라의 마지막 황제인 숭정제는 수도인 베이징의 자금성 뒷산에서 스스로 목을 매 죽음을 맞이했단다. 자금성 북쪽에 있는 지금의 경산 공원이 바로 그곳이야.

명나라가 멸망할 무렵 만주족의 후금은 국호를 청(淸)나라로 바꾸고 세력을 키워 중국 대륙을 차지했지.

마지막 황제와 제국의 몰락

청나라는 267년간 중국을 지배했단다. 건국 이후 강희, 옹정, 건륭 황제 3대에 걸쳐 나라가 매우 발전했지. 그래서 이 기간을 **3대의 봄**이라고 불러.

그러나 건륭제 이후 관료들의 부패가 심해졌고 토지를 잃은 농민들이 늘어나기 시작하면서 청나라는 서서히 기울기 시작했어. 이 무렵 서양은 산업 혁명을 일으켜 자본주의와 제국주의가 팽창하고 있었지만 중국은

3대의 봄
1661년부터 1796년까지 135년 동안 청나라의 강희, 옹정, 건륭 3대의 황제가 지배하던 시대를 가리키는 말. 이 시기에 중국은 문화가 발전하고 영토가 확장되는 등 크게 번성했다.

아직도 봉건 주의에서 벗어나지 못했지. 이렇게 서서히 속으로 곪아 가고 있던 청나라는 아편전쟁(1840~1842)이라는 결정타를 맞고 쓰러지기 시작했단다.

영국은 중국과의 교역에서 많은 적자가 발생해 당시 국제 화폐 수단이었던 은이 막대하게 중국으로 흘러 들어가자 꾀를 내서 중국에 아편을 팔기 시작했어. 이를 계기로 영국은 중국과의 무역에서 다시 이익을 얻기 시작했단다.

그러자 청나라는 마침내 칼을 빼 들었어. 이대로 있다가는 온 국민이 아편 중독자가 될 것이라고 생각한 청나라 조정은 1839년에 아편 무역을 금지시켰고 임칙서에게 아편이 들어오는 것을 막으라고 했지. 이에 임칙서는 영국 상인들로부터 아편을 빼앗아 불태워 버렸고, 발끈한 영국은 광둥성을 공격했어.

청나라는 영국의 신무기에 무릎을 꿇고 영국과 난징 조약을 체결했어. 난징 조약은 청나라가 외국과 맺은 최초의 근대 조약이면서 불평등 조약이란다. 청나라는 난징 조약에 따라 홍콩을 영국에 넘겨주고 상하이 등 5개 항구를 개방하는 조건에 합의했지.

청나라가 서양에 굴복하는 것을 본 국민들은 서양 제국과 청나라

임칙서

정부에 대해 분노하기 시작했어. 국민들의 불만은 마침내 1851년 태평천국운동으로 터져 나왔지. 태평천국운동을 이끈 홍수전은 기독교 사상에 심취되어 모두가 평등한 세상을 만들겠다며 세력을 넓혀 나갔어.

'태평천국(1851~1864)'이라는 나라를 세운 이들은 1853년에 난징을 점령한 뒤 수도로 삼았어. 당시 태평천국군은 청나라 군대에 비해 군사력이 월등히 우세했으나 베이징으로 진격해서 청나라 정부를 무너뜨리지 않은 채 난징에 그대로 눌러앉아 있다가 진압되고 말았어.

영국군과 태평천국군에 잇따라 혼이 난 청나라 정부는 서양의 실력을 인정하는 한편 서양을 배워야겠다고 깨닫기 시작했어. 그래서 1860년대 초반부터 30년 동안 서양의 과학 기술을 받아들이자는 양무

운동을 벌였지. 이 기간 동안 근대적 교육과 선진 기술 도입에 나섰지만 1894년 청일전쟁에 패배하면서 양무운동은 시들해졌어.

이대로 가다간 나라가 망할지도 모른다는 위기감을 느낀 캉유웨이 등 개혁파들은 광서 황제에게 개혁을 건의했지. 광서제는 이 건의를 받아들여 1898년 국가의 대대적인 개혁에 나섰는데 이를 변법자강운동 혹은 무술변법이라고 부르지. 이때 전국에 학교를 세웠으며 국가기관을 정비하고 필요 없는 기관은 과감하게 없앴고, 군대에도 서양식 훈련을 도입하고 입헌군주제 도입도 모색했어.

그러나 개혁파가 주도한 변법자강운동으로 인해 수구파들은 자신들이 설 땅을 잃게 될지도 모른다는 불안감을 느끼기 시작했지. 그래

서 무술변법이 시행된 지 100일 만에 수구파의 우두머리인 서태후가 나서서 개혁파들을 체포한 뒤 처형시켰어. 이 사건을 무술정변이라고 하지. 무술정변으로 중국은 또 한 번 근대 국가로 태어날 수 있는 기회를 잃은 셈이지.

수구 세력이 중국을 지배하고 있는 동안 서양 세력은 중국의 이권을 야금야금 빼앗기 시작했고, 국민들은 조직적으로 외세 반대 운동을 펴 나갔어. 그중에서 의화단의 세력이 가장 컸지. 무술을 연마하는 집단인 의화단은 점차 세력을 넓혀 나갔어. 이윽고 1900년 5월 약 20만 명의 의화단원들이 베이징과 톈진으로 몰려가 외국 공사관들이 밀집해 있는 지역을 포위하고 서양 세력에게 중국에서 물러갈 것을 요구했지. 이것을 의화단운동이라고 부른단다.

그러나 서양 세력들은 물러가기는커녕 힘을 합해서 연합군을 조직했어. 독일, 러시아, 미국, 영국, 오스트리아, 이탈리아, 일본, 프랑스 등 8개국이 모인 연합군은 베이징으로 쳐들어갔지. 연합군의 위세에 눌린 청나라 조정은 베이징 의정서에 서명했는데, 이 의정서에는 외국 세력에 반대하는 관리들을 처형하고, 외국 군대의 주둔을 허용하는 등의 내용이 담겨 있었어. 베이징 의정서 체결로 이제 중국은 껍

데기만 남고 서양 세력에게 완전히 짓밟혀 식민지나 다름없게 되었단다.

청나라는 원나라 이후 중국의 최대 영토를 확보한 강대국이었어. 그런 나라가 서양에 무릎을 꿇자 국민들은 황제가 지배하는 체제로는 중국의 미래가 어두울 것이라는 것을 깨닫기 시작했어. 중국 사람들은 봉건 체제로는 한계가 있다고 보고 공화국 수립을 위한 혁명을 꿈꾸기 시작했지. 그중에서 꼭 알아야 할 사람은 쑨원이야.

1866년 광둥성의 가난한 농가에서 태어난 쑨원은 하와이 유학 시절 서양의 정치 체제와 과학 등을 배웠고, 중국에 돌아와 청일전쟁 패배 후 중국 내에 빠르게 번지기 시작한 혁명 사상과 혁명 단체들을 기반으로 1905년 중국혁명동맹회를 만들었어.

그러다가 1911년 10월 10일 신해혁명을 일으켰지. 신해혁명은 중국 역사에서 봉건제의 몰락을 의미해.

신해혁명이 일어나자 각 성(省)들은 청나라로부터의 독립을 선언하고 각 성의 대표들은 쑨원을 중화민국 임시 대총통으로 선출했어. 1912년 1월 1일 난징에서 대총통

봉건 체제
국왕이나 황제를 우두머리로 신하들이 나라를 다스리면서 권위와 전통을 고집하고 개인의 역량을 억누르는 정치 체제.

공화국
국가의 권력을 국민이 갖고 선거를 통해 국가의 지도자를 뽑는 정치 체제.

성(省)
중국의 지방 행정 구역 중 가장 큰 단위.

에 취임한 쑨원은 국호를 중화민국이라고 정했지.

하지만 아직도 베이징에는 청나라 정부가 존재하고 있었고, 당시 청나라 정부는 군인이자 정치가인 위안스카이가 좌지우지하고 있었어. 쑨원은 위안스카이에게 청나라를 멸망시키면 중화민국의 대총통 자리를 양보하겠다고 제의했고, 위안스카이는 이 제의를 받아들여 청나라 황제를 퇴위시켰단다. 이는 청나라의 몰락뿐만 아니라 중국 봉건제의 종말을 알리는 일대 사건이었어.

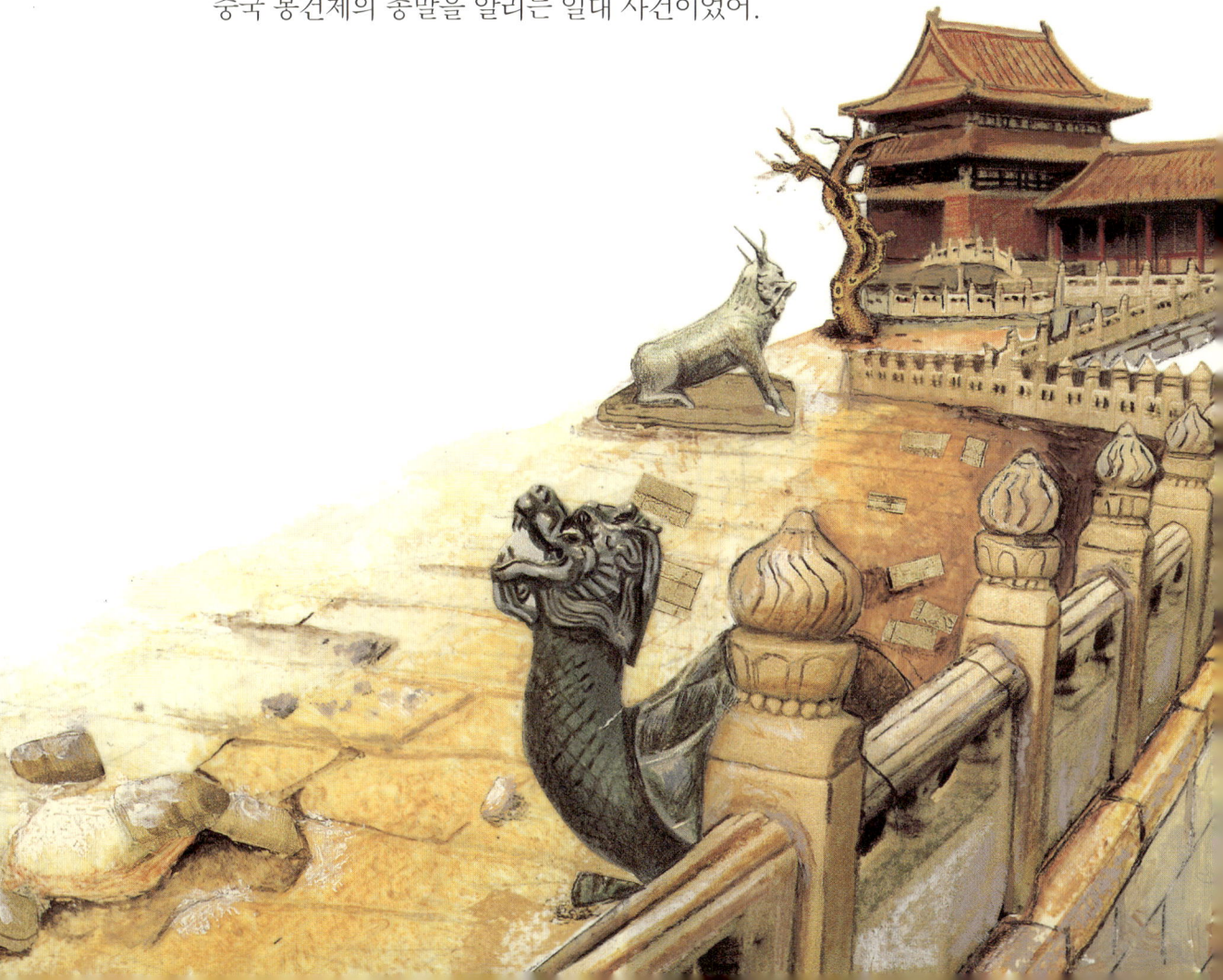

대장정과 중화인민공화국의 탄생

청나라가 멸망하자 위안스카이는 중화민국의 2대 대총통에 취임했단다. 그러나 권력에 욕심이 많았던 위안스카이는 1915년 공화제를 폐지하고 스스로 황제에 올랐어. 그러나 전국적인 반발이 일어나자 어쩔 수 없이 자리에서 물러났지.

이후 중국은 걷잡을 수 없는 혼란에 빠져들었고 이러한 혼란을 틈타 전국에서 **군벌**들이 판을 쳤어. 중국이 사실상 여러 개의 나라로 쪼개진 거야.

때마침 러시아에서 1917년에 **10월 혁명**으로 사회주의 정부가 들어

천안문 광장

서면서 중국에도 공산주의 조직들이 생겨나기 시작했어. 또 우리나라에서 3·1운동이 일어난 지 2개월 만에 베이징에서 5·4운동이라는 학생 운동이 일어났단다. 일본이 산둥 반도를 차지한 것에 대해 반대하는 학생들이 전국적으로 시위를 벌인 사건으로, 이 덕분에 중국은 산둥 반도를 되찾을 수 있었지.

> **군벌**
> 강력한 군사력을 등에 업고 정치적인 특권을 장악한 군인들의 집단.

> **10월 혁명**
> 황제가 지배하던 러시아를 무너뜨린 레닌의 공산주의 혁명. 러시아뿐 아니라 다른 나라의 사회주의 혁명에 많은 영향을 끼쳤다.

5·4운동의 영향으로 지식인들이 정치에 눈을 뜨기 시작했고, 1921년 7월 상하이에서는 13명의 공산당원들이 공산당을 창당했어. 그중에는 28세의 청년이었던 마오쩌둥도 끼어 있었지. 바로 이 마오쩌둥이 공산당의 실권을 잡고 훗날 중화인민공화국을 건국하게 된단다. 이 무렵 쑨원이 이끄는 중화 혁명당도 국민당으로 이름을 바꾸었지.

국민당이나 공산당은 봉건주의와 제국주의에 반대하는 점에서 공통점이 많았단다. 그래서 1924년 국민당과 공산당은 힘을 합쳐 황포군관학교를 설립하고 각지의 군벌들을 타파하기 시작했어. 이것을 제1차 국공 합작이라고 부르지.

1925년 쑨원이 죽자 황포군관학교 교장 출신인 장제스가 국민당의 실권을 잡고 국민당군 총사령관이 됐지. 그러나 장제스는 쿠데타를 일으켜 1927년부터 공산당을 탄압하기 시작했고 공산당과 국민당은 서로 총부리를 겨누게 됐어. 이른바 제1차 국공 내전이야.

무기와 병력이 빈약한 공산당은 국민당군의 상대가 되지 못했어. 공산당군은 국민당군의 공격을 피해 1934년부터 1936년까지 2만 5,000km를 후퇴했지. 서울~부산 거리의 약 60배나 되는 어마어마한 거리였어. 이것이 바로 그 유명한 대장정이야. 출발할 때 10만 명이었던 병력은 대장정이 끝났을 때 1만 명으로 줄어들었어.

1936년 12월 전 세계를 떠들썩하게 만든 시안사건이 발생했어. 공산당군과 싸우고 있던 국민당 동북군 사령관 **장쉐량**은 평소에 공산당과 싸우기보다는 일본군을 몰아내는 것이 우선이라고 생각하고 있었어. 그래서 장쉐량은 장제스에게 국공 내전을 중단하고 국공 합작을 해서 일본군과 싸우자고 수차례 건의했단다. 그러나 장제스는 공산당을 먼저 무찌른

다음에 일본군과 싸우겠다는 생각을 갖고 있었지.

하는 수 없이 장쉐량은 시안을 찾은 장제스를 가두고 국공 합작을 해서 일본군과 싸울 것을 요구했어. 이것이 바로 시안사건이야. 결국 장제스는 장쉐량의 제안을 받아들였고 시안사건 이후 제2차 국공 합작이 이뤄져 국민당과 공산당은 항일 전쟁에 나설 수 있었단다.

1945년 일본이 패망하자 국민당과 공산당은 중국 대륙을 독차지하기 위해 제2차 국공 내전에 들어갔어. 무기와 병력 면에서 형편없이 뒤졌던 공산당군은 기적적으로 국민당군을 물리쳤어. 공산당 군대의 사기가 높았고, 중국 국민들의 지원, 그리고 국민당 군대의 부패 때문이었지. 공산당군에 패배한 장제스는 자신을 따르는 무리들을 이끌고 본토를 다시 되찾을 것을 다짐하며 1949년 타이완으로 쫓겨났단다.

결국 국민당군을 몰아낸 마오쩌둥은 1949년 10월 1일 베이징의 천안문에서 중화인민공화국의 수립을 선포했어.

> **장쉐량**
> 동북 지역 군벌인 장쭤린의 장남으로 장제스의 국민 정부를 지지했으나 시안사건을 일으켰다. 시안사건 이후 장제스에 의해 연금당했으며, 1990년 연금에서 풀려난 이후 하와이에서 살다가 2001년 노환으로 사망했다.

2장

중국은 어떤 나라일까?

중국은 얼마나 클까?

현재 중국은 네 개의 직할시, 다섯 개의 **자치구**, 두 개의 특별 행정구, 그리고 22개의 성으로 이뤄져 있어. 중국 사람들은 여기에다 타이완까지 포함해서 23개 성이라고 한단다.

우리가 중국을 다소 깔보는 투로 부를 때 '때국' 또는 '뙤국'이라 하는데 이는 원래 '대국', 즉 큰 나라를 뜻하는 거란다. 사대주의라는 말도 '큰 나라를 섬긴다'는 뜻이지.

중국을 이해하려면 우선 이 '크다'는 점에 주목해야 돼. 땅이 워낙 넓기 때문에 인구도 많고, 음식 종류도 많고, 민족도 많지. 이는 중국 사람들의 사고 방식에도 많은 영향을 끼쳤어. 중국 사람들은 대체적으로 크게 생각하고

자치구
한 민족이 모여 살면서 스스로 통치권을 갖는 구역. 중국 정부는 소수 민족이 몰려사는 곳에 다섯 개의 자치구를 두고 있다.

크게 행동하는 경향이 있는데, 만리장성이나 베이징의 고궁 박물관(자금성), 시안에 있는 진시황릉 병마용 등을 보면 그 크기에 입이 벌어질 정도야.

중국의 면적은 957만 2,900km²야. 국토가 어마어마하게 넓지. 동서로는 동쪽의 우수리 강과 헤이룽 강이 만나는 지점에서부터 서쪽으로는 신장 위구르 자치구의 카스까지 약 5,200km에 달해. 경도가 동경 73도에서 동경 135도까지 62도에 걸쳐 있어서 지구 경도의 무려 6분의 1에 해당된단다. 또 남북으로는 중국이 영유권을 주장하는 북위 4도의 난사 군도에서 북위 53도의 헤이룽장성 모허까지 약 5,500km나 돼. 위도상으로는 50도에 걸쳐 있어서 지구 위도의 4분의 1 이상을 차지한단다.

이렇게 표현하면 중국이 얼마나 큰지 실감이 안 난다고? 중국은 동

중국의 세계적인 유물인 만리장성
북방 오랑캐를 막기 위해 만들었다는 만리장성에 오르면 그 크기에 매우 놀란다.

중국의 행정 구역

현재 중국은 4개의 직할시, 5개의 자치구, 2개의 특별 행정구, 그리고 22개의 성으로 이뤄져 있는데, 중국 사람들은 타이완까지 포함해서 23개 성이라고 한다.

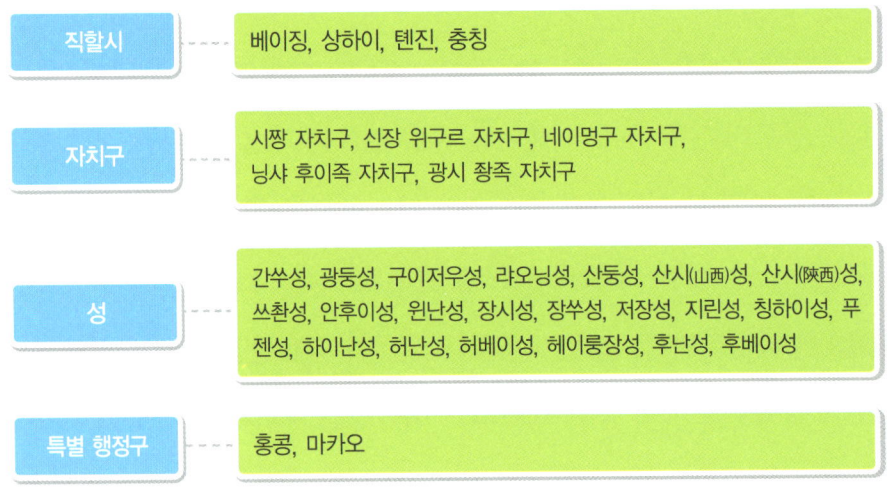

서로는 서울~부산의 13배, 남북으로는 서울~부산의 14배나 돼. 동서로 볼 때 미국의 4,500km에 비해 1.25배나 되니까 얼마나 큰 나라인지 상상이 되니?

중국 땅의 면적은 한반도 전체 면적의 약 44배이고, 남한 면적의 약 97배나 돼. 우리나라만 한 나라가 약 100개나 있는 셈이지. 또 유럽 전체 면적과도 맞먹는 크기이고, 지구 전체 육지 면적의 약 15분의 1

중국의 인접 국가들

이나 된단다.

　땅덩어리가 워낙 넓기 때문에 동쪽 끝과 서쪽 끝의 시차도 네 시간이나 돼. 하지만 중국 정부는 '하나의 중국'이라는 원칙을 세우고 베이징 표준시 하나만 쓰고 있어. 그러나 중국보다 영토가 작은 미국도 동부 표준시와 서부 표준시, 두 개의 표준시를 쓰고 있지.

베이징 표준시는 우리나라 표준시보다 한 시간이 늦어. 그 넓은 나라가 표준시를 하나만 채택하고 있기 때문에 동부 지역에는 아침에 해가 떠 있어도 같은 시각 서부 지역에는 새벽 별이 총총하지.

나라가 워낙 넓다 보니 국경선 길이만도 총 2만 2,000km나 된단다. 국경선이 긴 만큼 무려 14개 나라와 국경을 맞대고 있어. 북동쪽으로는 북한과 러시아, 북쪽으로는 몽골, 서쪽으로는 카자흐스탄, 키르기스스탄, 타지키스탄, 아프가니스탄, 남서쪽으로는 인도, 파키스탄, 네팔, 부탄, 남쪽으로는 미얀마, 베트남, 라오스와 각각 국경을 이루고 있지.

그래서 국경 분쟁도 자주 발생한단다. 1969년에는 러시아와 우수리 강 부근에서 국경 분쟁이 일어나 소규모 전투가 벌어졌고 두 나라가 핵전쟁까지 치를 뻔한 적도 있었어. 러시아와의 국경 분쟁은 그 후로도 끊임없이 이어졌는데, 2004년 푸틴 대통령의 중국 방문 때에야 비로소 말끔히 해소되었단다.

인도와도 국경 분쟁은 계속됐어. 인도와의 국경 분쟁은 1959년에 처음 시작됐는데, 1962년 10월에는 히말라야 국경에서 대규모 군사 충돌도 있었지.

해상에서도 영유권 분쟁을 겪고 있어. 남중국해에 있는 난사 군도를 놓고 필리핀, 베트남 등과 영토 분쟁을 겪고 있고, 동중국해에 있는 **댜오위다오 군도**(일본 이름으로는 센카쿠열도) 등을 놓고 일본과도 마찰을 빚고 있어. 실질적으로 북한하고만 국경을 맞대고 있는 우리나라와는 너무 대조적이지.

댜오위다오 군도
타이완에서 동북쪽으로 120km, 일본의 오키나와에서 남서쪽으로 200km 떨어진 곳에 있는 섬들. 주변에 석유와 천연 가스가 풍부하게 매장되어 있는 것으로 알려져 있으며, 중국과 일본이 서로 자기 땅이라고 주장하며 영토 분쟁을 벌이고 있다.

중국의 지형과 기후

중국은 땅이 넓은 만큼 지형도 매우 다양해. 중국에는 고산 지대와 설산 지대, 사막과 대초원, 호수 지대와 삼림 지대 등 다양한 지형이 분포하고 있어.

중국은 지형적으로 보면 크게 세 부분으로 나눌 수 있어. 남서쪽은 고산 지대, 북서쪽은 사막 및 초원 지대, 그리고 중부와 동쪽은 평야

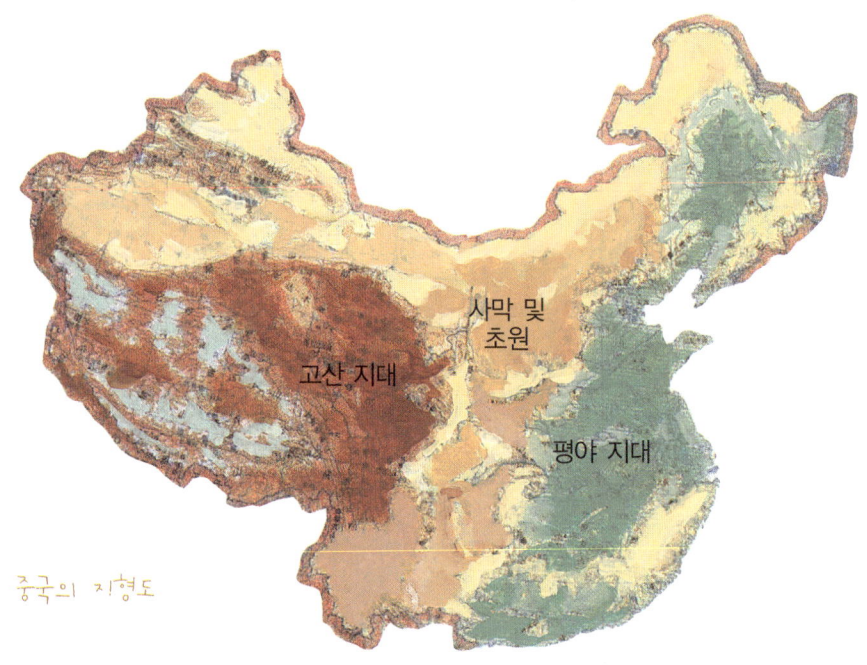

중국의 지형도

지대란다.

남서쪽 고산 지대에는 '세계의 지붕'이라 불리는 티베트고원(중국 사람들은 칭짱고원이라 부름)이 있는데, 티베트고원은 평균 해발이 5,000~6,000m나 되지만, 산봉우리들은 7,000~8,000m에 이르지.

히말라야산맥도 이곳에 있어. 전 세계에 있는 해발 8,000m 이상의 봉우리 12개 중 7개가 중국에 있지. 산악 지대이기 때문에 자동차나 자전거보다는 야크라는 동물을 운송 수단으로 삼고 있단다. 이곳은 해발 고도가 높아서 여행객들이 **고산병**에 시달릴 정도야.

2005년 10월 칭하이성과 티베트 시짱 자치구의 라싸를 연결하는 칭장 철도가 완공되어 2006년부터 철도 여행이 가능해졌어. 그러나 이 철도는 세계에서 가장 높은 해발 5,072m에 설치되어 있기 때문에 승객들이 고산병에 시달리는 것을 막기 위해 열차 내에 비행기처럼 기압 조절 장치를 해 놓았을 정도야.

고산 지대인 남서쪽과 달리 북서쪽으로는 광활한 사막이 펼쳐져 있고 북쪽은 초원 지대야. 북쪽의 네이멍구 자치구에는 초원이 끝없이 펼쳐져 있는데, 이곳에서 몽고식 텐트인 파오에서 잠을 자려고 할 때면 하늘에 뜬 별이 금

고산병
높은 산에 올라가면 기압이 내려가고 산소가 부족해져서 불쾌해지고 두통, 구토 등의 증세가 일어난다. 심하면 현기증이나 정신 이상 등의 증상도 오게 된다.

방이라도 쏟아질 듯 가깝게 느껴진단다.

동쪽은 평야 지대야. 이 지대에는 넓은 화베이 평야, 화중 평야와 둥베이 평야가 펼쳐져 있어. 비행기를 타고 베이징 공항에 내리기 전에 창밖을 보면 끝없이 펼쳐져 있는 화베이 평야를 볼 수 있지.

중국 지형의 특징은 서쪽이 높고 동쪽으로 갈수록 점점 낮아진다는 거야. 그래서 중국의 강은 우리나라와 반대로 대부분 서쪽에서 동쪽으로 흐른단다. 강폭도 우리나라와는 비교도 안 될 정도로 넓어. 중국에서 가장 긴 강인 양쯔 강은 하류 쪽으로 갈수록 넓어져 그 너비가 강이 아니라 바다 수준이야.

중국에는 이 밖에도 독특한 지형이 많아. 구이린에는 석회암으로 된 바위산이 끝없이 펼쳐져 있고, 신장 위구르 자치구에는 마치 불타는 듯한 모습을 한 산도 있어. 『서유기』에 나오는 화염산이 바로 이곳이야.

중국은 지형뿐만 아니라 기후 역시 다양하지. 전 세계 기후의 종합판이라고 해도 과언이 아니야. 국토가 넓어서 지구상의 아한대 기후, 온대 기후, 온난대 기후, 아열대 기후, 고산대 기후, 적도 기후 등이 모두 분포한단다. 남쪽 지방에서는 한겨울에도 반소매 옷을 입고 다니고, 북서쪽에서는 한여름에도 밤에는 가죽 옷을 입어야 할 만큼 춥지.

중국의 기후는 따뜻한 남쪽의 아열대 기후, 추운 동북쪽의 냉대 기후, 사막인 북서쪽의 사막 기후, 고산 지대인 남서쪽의 고산 기후, 사계절이 뚜렷한 중부 지역의 온대 기후로 나눌 수 있단다.

중국의 남쪽은 겨울이 아예 없어서 사계절 내내 따뜻하지. 윈난성의 쿤밍은 항상 봄처럼 따뜻해서 '봄의 도시'라는 별명을 갖고 있단다.

반면 동북 지역은 여름이 별로 덥지 않고 짧은 대신 겨울은 매우 춥고 길어. 헤이룽장성의 경우는 겨울에 영하 30도는 보통이고 심지어는 영하 40도까지 내려가서 온 천지가 눈으로 뒤덮이지.

남서쪽 설산 지대
중국 남서쪽의 설산.
중국은 넓은 지역이라
다양한 지형을 볼 수 있다.

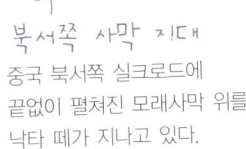

북서쪽 사막 지대
중국 북서쪽 실크로드에
끝없이 펼쳐진 모래사막 위를
낙타 떼가 지나고 있다.

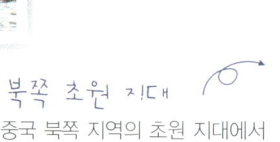

북쪽 초원 지대
중국 북쪽 지역의 초원 지대에서
한 목동이 말을 타고 달리고 있다.

    북서쪽 사막 지대는 비가 잘 내리지 않아서 1년 내내 가뭄이 계속되고, 매우 건조해서 일교차가 30도에 이르기도 해. 이런 기후 때문에 농사를 지을 수 없어서 유목이 발달했어. 신장 위구르 자치구에 있는 투르판 사막 지대는 가장 더울 때에는 기온이 47도까지 올라가기도 한단다.

사막 지대에서 흔히 나타나는 황사는 모래 때문에 마치 짙은 안개가 낀 것처럼 시야가 흐려져서 심할 경우 맨눈으로 볼 수 있는 거리가 몇 미터밖에 되지 않는 현상이야. 중국 서부 내륙 지방에서 발생한 황사는 우리나라와 일본에도 큰 영향을 미치고 있단다.

남서쪽의 티베트고원 지대는 중국에서도 특수한 고산 기후에 속해서 공기가 거의 없고, 산봉우리에는 만년설이 있어 1년 내내 겨울이야.

나머지 중부 지역은 사계절이 뚜렷한 편이지만 7~8월에는 집중호우가 쏟아져서 해마다 물난리를 겪기도 하지.

남서쪽의 고원 지대나 북서쪽의 사막 지대, 북쪽의 초원 지대, 그리고 몹시 추운 동북 지역은 사람이 살기 힘들기 때문에 인구의 대부분은 중부와 동부 지역에 몰려 있단다.

귀신도 모르는 중국의 인구

중국의 인구 문제는 따로 떼어서 이야기해야 돼. 중국에서는 인구가 매우 중요한 의미를 갖고 있기 때문이야.

중국 정부는 경제 개발과 국가 발전을 위해 강력한 인구 억제 정책을 펴고 있지만, 중국 사람들의 전통적인 남아 선호 사상과 맞물려 많은 문제점을 낳고 있지.

중국은 예부터 어마어마한 인구로 많은 문제들을 해결해 왔어. 만리장성을 쌓은 것도 수많은 인구 때문에 가능했고, 한국전쟁 때 미군이 중국군에게 당한 이유도 엄청나게 많은 군인 때문이었지. 미국이 중국을 두려워하는 이유 중 하나도 바로 인구야. 첨단 무기로 싸우더라도 마지막으로 점령지에 국기를 꽂고 항복 문서를 받아 내는 것은 결국 사람의 몫이기 때문이지.

중국의 인구는 공식적으로는 2010년 기준 13억 3,900만 명이야. 우리나라 인구를 4,800만 명으로 볼 때 약 27배나 되지. 중국의 인구는 세계에서 단연 1위야. 2위인 인도는 10억 5,000만 명으로 중국의 약 5분의 4밖에 안 돼.

2005년 1월 6일 0시 2분에 베이징의 한 산부인과에서 태어난 남자 아기가 13억 명째 국민이라고 중국 언론들은 크게 보도했지. 그러나 이것은 어디까지나 공식적인 숫자일 뿐 중국의 정확한 인구는 아무도 몰라.

중국이 1970년대 말부터 자녀 수를 한 명으로 제한하는 '1가구 1자녀 정책'을 시행하면서 1자녀 이상의 가정에 각종 불이익을 주기 때문에 둘째 자녀부터는 호적에 올리지 않은 가정들이 많아.

호적에는 올리지 않은 자녀들을 '헤이하이즈(黑孩子)'라 불러. 글자

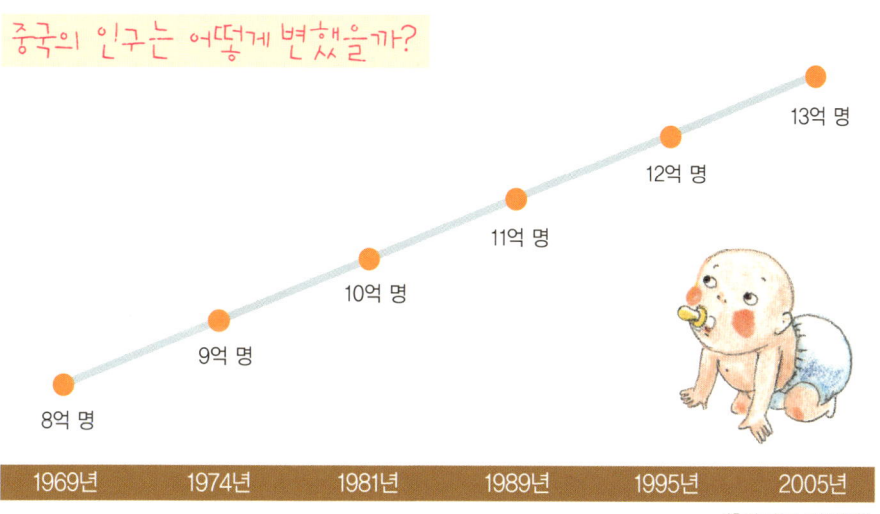

중국의 인구는 어떻게 변했을까?

(출처:중국 통계 연감)

그대로 해석하면 '검은 자녀들'인데 '호적 없는 자녀들'이라는 뜻이야. 헤이하이즈는 특히 농촌에 많지.

중국에는 '중국의 인구와 음식 숫자는 귀신도 모른다'는 말이 있을 정도야. 또 인구 조사를 하고 있는 도중에도 인구가 계속 늘어나기 때문에 정확한 인구를 알 방법은 없어. 하루에도 약 2만 800명의 인구가 증가하고 있다고 하니, 정말 대단하지?

인구가 많으면 먹고살기 힘드니까 입을 줄여야겠다는 절박한 상황

중국의 4세 미만 어린이의 남·여 비율

남·여 비율이 심각하게 불균형을 보이는 중국은 2020년에는 3천만 명의 남성이 결혼 상대자를 찾지 못하는 사회적 문제가 발생하게 된다.

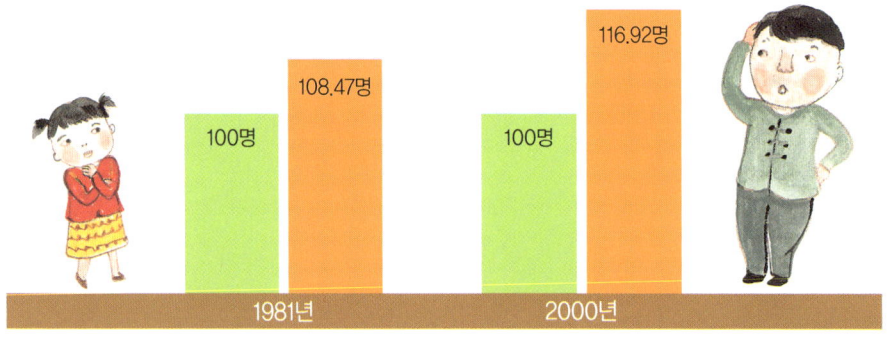

〈출처: 중국 통계 연감〉

에서 시작된 1가구 1자녀 정책은 많은 문제점을 드러냈어. 중국 사람들은 아들을 좋아하는 풍조가 강해서 아기가 태어나기도 전에 아들인지 딸인지 알아낸 다음 아들인 경우에만 낳기 때문에 여자가 남자에 비해 훨씬 적어.

중국에서는 여자아이의 수가 너무 적어서 심각한 문제가 되고 있어. 중국의 한 통계에 따르면 4세가 안 된 아이들 중 여자아이를 100

명으로 봤을 때 남자아이의 비율이 1981년에는 108.47명에 불과했지만, 2000년에는 116.92명으로 증가했지. 이는 여자 100명에 남자는 117명이라는 이야기로, 성비 불균형 현상이 개선되지 않는다면 오는 2020년에는 3,000만 명의 남성이 결혼 상대자를 찾지 못해 사회적으로 심각한 문제가 발생할 것이란 분석도 나오고 있어.

이와 함께 1가구 1자녀 정책으로 태어난 자녀들은 많은 사회적 문제점을 안고 있지. 1가구 1자녀 정책으로 태어난 외동아들이나 외동딸들을 '샤오황디(小皇帝·소황제)'라고 부르는데, 샤오황디에 관한 이야기는 뒤에서 자세히 소개할게. 문제가 상당히 복잡하기 때문이야.

1가구 1자녀 정책으로 인한 문제가 심각해지자 중국의 인구 문제 전문가들은 2004년 10월 정부에 이 정책을 폐지하자고 건의하기도 했어. 1가구 1자녀 정책이 심각한 성비 불균형을 초래하고 노동력 감소를 가져올 수 있다는 이유 때문이야.

중국 당국도 부작용이 심각하다는 것을 깨닫고 대책 마련에 나섰어. 이미 2005년 3월부터는 지방 정부가 자체적으로 두 자녀의 출산을 허용하는 정책을 펴도록 하고 있어. 그래서 상하이 등에서는 부모가 모두 외동아들과 외동딸이면 자녀를 두 명까지 낳을 수 있게 하는 규정이 시행 중이기도 하지.

  우리나라도 한때 강력한 출산 억제 정책을 폈지만 현재는 출산 장려 정책으로 돌아섰어. 아기를 낳으면 장려금을 주고 학비를 지원해 주는 등의 혜택을 주고 있지. 중국 정부도 언젠가는 국민들에게 다시 '아이를 많이 낳자'고 호소할지도 몰라.

56개 민족이 뒤섞여 사는 나라

중국은 56개 민족이 어울려 살아가고 있는 다민족 국가야. 약 92%가 한족이고 나머지 약 8%는 55개의 소수 민족으로 구성되어 있어.

우리나라의 주민등록증과 같은 중국의 거민신분증에는 한 사람 한 사람의 민족이 표기되어 있는데, 이를테면 한족이면 한족, 조선족이면 조선족, 몽고족이면 몽고족이라고 신분증에 적혀 있단다.

중국에 소수 민족이 많은 이유는 청나라 때 서쪽으로 국경을 넓히면서 많은 소수 민족들을 **복속**시켰기 때문이야.

중국의 역사는 '소수 민족과 한족 간의 투쟁의 역사'라고 할 만큼 한족과 소수 민족은 깊은 연관이 있어. 중국의 문화는 한족의 문화이기도 하지만 상당 부분 소수 민족의 영향을 많이 받았지. 음식도 마찬가지야. 중국 음식은 소수 민족 음식과 어우러진 일종의 퓨전 음식이라고 할 수 있지. 우리나라 사람들이 중국 음식을 먹을 때 큰 고통을 겪는 **샹차이**라는 향료와 중국 사람들이 즐겨 먹는 양고기 요리도 중앙아시아 쪽 소수 민족의 영향을 받은 것으로

복속
다른 나라나 민족에게 복종하여 따르게 함.

샹차이
녹색 채소의 한 종류로, 향이 매우 독특해 향료로 쓰인다. 대부분의 중국 요리에 이 향료가 들어가는데, 향이 매우 강해서 중국 사람들도 싫어하는 경우가 있다. 샹차이가 싫으면 음식을 주문할 때 '부야오 샹차이'라고 말하면 된다.

알려져 있어.

중국의 소수 민족들은 아랍계, 중앙아시아계, 러시아계, 타이계 등 계통이 다양한 만큼 생김새도 다르지만, 나름대로 자신들의 문화를 가지고 있단다. 종교, 언어, 옷차림, 음식, 주거, 관혼상제, 명절, 오락, 음악 등 여러 분야에서 그들만의 전통적인 특징을 가지고 있어.

소수 민족의 인구는 전체 인구의 약 8%밖에 안 되지만, 모두 합하면 1억 명이 넘어. 우리나라 인구의 두 배 이상이지. 인구가 가장 많은 소수 민족은 1,600만 명이 넘는 좡족이야. 좡족은 타이 계통으로 광시성, 윈난성, 광둥성 등에서 주로 살고 있어. 광시성은 아예 좡족 자치구라고 불리지.

한때 청나라를 호령했던 만주족은 1,068만 명으로 2위를 차지하고 있어. 하지만 지금은 한족에 동화되어 고유의 문자와 언어를 잃어버린 상태야. 아랍 계통의 후이족은 인구가 약 982만 명으로 당나라 이후 중국에 이주해 온 사람들이란다. 대부분 이슬람교 신도들로 닝샤 후이족 자치구에 몰려 살고 있지.

약 894만 명의 먀오족은 쓰촨성, 윈난성, 광시성 등에서 생활하고, 약 840만 명에 달하는 위구르족은 신장 위구르 자치구에서 살고 있어.

중국의 5위안짜리 지폐 뒷면
알파벳으로 중국인민은행이라고 찍혀 있고, 그 아래에 몽고족, 위구르족, 장족, 쫭족 등 네 개의 소수 민족 문자가 인쇄되어 있다.

후이족 여성
주로 중국 북서쪽 닝샤 후이족 자치구에 살고 있으며 이슬람교를 믿는다.

바이족 여성
윈난성 소수 민족인 바이족 여성들이 전통 의상을 입고 있다.

투자족 여성
중국 후난성의 유명한 관광지인 장자제에서 투자족 무용 단원들이 민속 춤을 추고 있다.

원나라를 세워, 한때 유라시아 대륙을 뒤흔들었던 몽고족은 대부분 네이멍구 자치구에 살고 있어. 시짱 자치구에 살고 있는 티베트 계통인 짱족은 고유의 언어와 문자를 그대로 갖고 있으며 라마교를 믿고 있고, 중국으로부터 분리 독립하려는 욕구가 가장 거세지. 인구가 가장 적은 소수 민족은 2,000명 정도인 뤄바족이야.

소수 민족 중에는 만주족이나 몽고족처럼 옛날에 강력한 국가를 형성했던 민족도 있고, 먀오족이나 좡족 등 인구는 많지만 국가를 이루지 못한 민족도 있어. 소수 민족들은 대부분 국경 지대에 거주하고 있는데, 특히 몽고족, 조선족, 위구르족 등 중국 국경선 너머에 본래의 나라가 있는 민족도 있어.

1966년부터 1976년까지 마오쩌둥이 일으킨 **문화대혁명** 때 대부분의 중국 국민들이 억압받았던 것과 마찬가지로 소수 민족들도 큰 핍박을 받았어. 문화대혁명 때에는 소수 민족 문제도 종교와 마찬가지로 없애야 할 낡은 관습으로 여겨졌지. 그때 학술적 가치가 높은 『티베트 대장경』이 불타는 등 소수 민족들의 많은 문화 유산이 파괴되거나 사라졌어.

문화대혁명이 끝나고 사회에 대한 억압이 줄어들면서

문화대혁명
1966년부터 10년 동안 중국의 마오쩌둥이 일으킨 사회주의 운동. 마오쩌둥은 경제 개발에 실패한 책임을 물어 자신에 대한 비판이 일자 젊은이들을 선동해 지식인들을 공격했다. 반대파를 제거하기 위한 일종의 권력 투쟁이었다.

중국의 소수 민족

2000년을 기준으로 소수 민족들이 살고 있는 소수 민족 자치구의 총면적은 전체 중국 면적의 약 절반이나 되기 때문에 중국 정부는 소수 민족의 중요성을 인정하지 않을 수 없다.

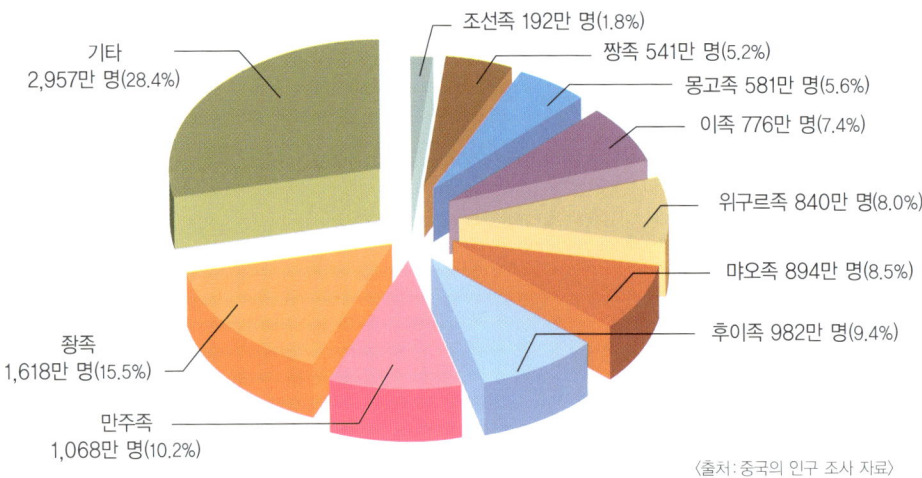

〈출처: 중국의 인구 조사 자료〉

소수 민족들도 종교와 언어, 문자를 자유롭게 사용할 수 있게 됐지. 소수 민족들이 거주하는 지역의 학교에서는 중국어와 함께 자신들의 언어와 문자를 가르치고 있어. 55개 소수 민족은 거의 모두 자신들의 언어를 가지고 있지만 문자를 갖고 있는 민족은 조선족을 비롯해 21개 민족에 불과하단다. 나머지 34개 소수 민족은 고유의 문자가 없어서 주로 한자만 사용하지.

  중국은 소수 민족을 효율적으로 통치하기 위해 자치권을 주고 있어. 소수 민족 거주 지역에 자치구, 자치주, 자치현을 두고 중앙 정부의 지도 아래 각 소수 민족들이 자치제를 실시하도록 하고 있는 거지.

  현재 중국에는 네이멍구 자치구, 닝샤 후이족 자치구, 신장 위구르

자치구, 광시 좡족 자치구, 시짱 자치구 이렇게 다섯 개의 소수 민족 자치구가 있어. 인구가 많지 않은 조선족의 경우는 자치구 대신 지린 성에 옌볜 조선족 자치주가 있지.

소수 민족들이 살고 있는 소수 민족 자치구의 총면적은 전체 중국 면적의 약 절반이나 되기 때문에 중국 정부는 소수 민족을 소홀히 할 수 없어. 신장 위구르 자치구 한 곳만 해도 면적이 160만km^2로 우리나라의 약 16배나 되지. 신장, 네이멍구, 시짱, 광시, 닝샤 등 다섯 개 자치구를 모두 합하면 420만km^2로 우리나라의 약 42배나 되거든.

따라서 중국 정부는 소수 민족과 한족이 잘 어울려 살게 하려고 한족을 이주시켜 동화하는 정책을 펴고 있단다. 소수 민족과 한족을 한데 어울려 함께 생활하게 함으로써 소수 민족이 느끼는 소외감과 이질감을 해소시키기 위한 것이지.

중국 정부는 동화 정책의 하나로 소수 민족에게 대학 입시에서 가산점을 주고, 자녀를 두 명까지 출산할 수 있도록 배려하는 등 상당 부분 혜택을 주고 있어. 하지만 반대로 소수 민족들이 분리 독립을 요구하면 가차 없이 탄압하지. 그래서 중국 정부는 소수 민족의 독립 욕구를 자극시킬 만한 국제적 사건이나 해외 언론의 보도에 대해서도 민감하게 반응해.

 중국은 다민족 국가이기 때문에 소수 민족에 대한 차별은 없어. 오히려 민족 간 단결을 중요시하지. 이처럼 중국의 소수 민족은 차별 없이 일정 부분 보호받고 있지만, 큰 틀에서 보면 점차 한족에 동화되고 있다고 볼 수 있단다.

비운의 땅 타이완

1949년 마오쩌둥에게 밀린 장제스는 부하들을 이끌고 타이완으로 쫓겨 간 후 중화민국을 계속 이어 갔지. 중화민국은 한동안 유엔의 **안전보장이사회 상임이사국**을 지내기도 했지만, 현재는 국제 사회에서 국가로 인정받지 못하고 있어. 중국과의 주권 분쟁 때문에 국제 사회에서 국기나 국가를 사용할 수도 없고 그냥 '차이니스 타이베이(Chinese Taibei)'라고 불리지. 타이완은 중국에서 가장 큰 섬으로 제주도의 약 20배만 한 넓이야.

타이완은 역사적으로 볼 때 비운의 땅이라고 할 수 있어. 근세 이후 끊임없이 외부 침략에 시달려 왔지. 타이완은 15세기 중엽부터 네덜란드와 스페인의 지배를 받았으며, 강희 황제 때인 1683년부터는 청나라에 복속되어 통치를 받기 시작했어. 1884~1885년에 발발한 청·프랑스 전쟁 중에는 프랑스군의 공격을 받기도 했지.

이후 청일전쟁에서 청나라가 패하면서 1895년 체결된 시모노세키 조약에 따라 일본의 식민지가 되어 50년 동안

안전보장이사회 상임이사국
국제 평화와 안전 유지에 대한 1차적 책임을 지는 국제연합의 주요 기구. 5개 상임이사국과 10개 비상임이사국이 있다. 5개 상임이사국은 미국, 러시아, 프랑스, 영국, 중국이다. 중국은 1971년부터 타이완 대신 상임이사국이 됐다.

일본의 식민 지배를 받았지.

1945년에 일본이 제2차 세계대전에서 패망하고 물러가자 이번에는 국민당군이 몰려왔어. 중국 본토를 차지하기 위해 마오쩌둥의 공산당군과 벌인 내전에서 장제스의 국민당군이 타이완으로 쫓겨온 거지.

중화민국 정부가 타이완으로 옮겨 간 이후 타이완과 중국은 서로 으르렁대면서도 한편으로는 경제 교류 및 인적 교류를 활발하게 추진해 왔어. 자본주의가 발달한 타이완은 중국의 값싼 노동력과 무궁무진한 시장이 필요했고, 개방 정책에 나선 중국은 타이완의 높은 기술력과 자본이 필요했던 거야.

1970년대 초부터 중국과 타이완 사이에 비공식적인 인적 교류와 경제 교류가 빈번해지자 중국은 1978년 타이완에 대한 정책을 대치 상태에서 평화 공존으로 수정했어. 통일 정책도 타이완을 무력으로 점

타이베이 101 빌딩!
높이 508미터, 총 101층의 초고층 빌딩으로 타이완의 자존심이다.

령하려는 것에서 벗어나 타이완이 통일을 원할 때까지 기다리는 것으로 바꾸었지.

그리고 1979년에는 이른바 '3통 정책'을 제의했어. 3통 정책은 통상(경제 교류), 통우(우편 교류), 통항(상호 왕래)을 말하는 거야.

그러나 타이완 정부는 중국과의 접촉, 담판, 타협을 일체 부정하는 이른바 '3불 정책'을 내놓았지. 공산당과의 싸움에서 패배하고 중국 본토를 내주었으니 감정이 좋을 수가 없었어. 하지만 민간 분야에서 인적 및 경제 교류가 점차 늘어나자 1985년에 타이완 기업이 중국에 진출하는 것을 허용했고, 1987년에는 타이완 주민이 중국에 있는 친

척을 방문하는 것도 허가했지.

특히 지난 2008년 타이완의 마잉주 총통이 취임한 이후 타이완과 중국의 교류는 더욱 활발해졌지. 타이완과 중국은 지금까지의 '3통 정책'이나 '3불 정책'과는 차원이 다른 '대3통 정책'에 전격적으로 합의했어. 이것은 통상, 통항, 통우를 전면적으로 확대하자는 것이야. 이에 따라 타이완과 중국을 오가는 비행기 편과 배 편이 생겨났으며 타이완과 중국 사람들은 서로 자유롭게 여행을 다니고 있지. 중국과 타이완은 우리 남북한과는 비교가 안 될 정도로 교류가 활발한 편이야.

중국은 2030년까지 중국과 타이완 사이에 해저 터널을 뚫어 베이징과 타이완의 타이베이를 연결하는 해저 고속도로를 건설한다는 계획까지 세워 놓고 있어. 한마디로 정치적으로만 단절되어 있을 뿐 모든 교류가 이루어지고 있다고 볼 수 있지.

보통화와 간체자의 나라

중국어는 세계에서 사용 인구가 가장 많은 언어야. 국제 사회에서 중국의 위상이 높아지고 있는 만큼 중국어 학습 열풍도 거세게 일고 있지.

중국어를 듣고 있으면 마치 노래처럼 들려. 음의 높낮이가 있기 때문인데, 이러한 음의 높낮이를 성조라고 불러. 중국 사람들은 중국어가 뜻을 간결하게 표현할 수 있고 성조가 있기 때문에 아름답게 들린다는 이유로 중국어에 대한 자부심이 대단하단다.

중국어의 성조

중국어에서 각 글자에 해당하는 정확한 성조를 발음하지 않으면 전혀 다른 뜻이 된다.

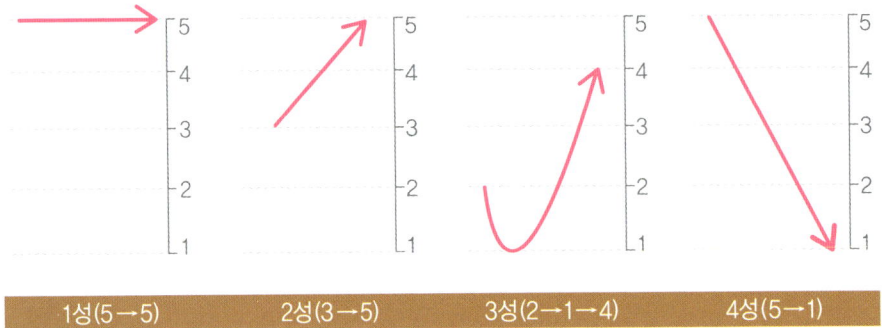

1성(5→5)　　2성(3→5)　　3성(2→1→4)　　4성(5→1)

성조에는 모두 네 가지가 있어. 모든 글자마다 각각 하나의 성조가 정해져 있지. 성조는 음악의 음계와도 같기 때문에 중국어는 4음계로 된 음악이라고도 할 수 있어.

한자는 대략 5만 개 정도나 되는데 중국어에서 낼 수 있는 발음은 약 400개 정도밖에 안 돼. 그래서 구별할 수 있는 발음을 늘리기 위해 성조가 만들어진 거야. 중국어를 배울 때 제일 중요한 것이 바로 이 성조야. 그 글자에 해당하는 정확한 성조를 발음하지 않으면 전혀 다른 뜻이 되기 때문이지.

텔레비전의 보급 등에 힘입어 지금은 많이 달라졌지만 1949년 중국이 건국될 당시만 해도, 같은 한족들끼리도 각 지역마다 한자를 읽는 발음이 서로 달라서 대화가 불가능할 정도였어. 더욱이 소수 민족들은 저마다의 언어를 갖고 있어서 서로 말이 통하지 않았지.

따라서 중국을 건국한 중국 공산당 정부는 각 소수 민족을 단결시키기 위해서 공통어의 보급이 급하다고 생각하고 1955년 공통어인 '보통화(푸퉁화)'를 제정하고 널리 알렸단다.

중국 정부가 보통화의 보급에 노력을 기울인 결과 지금은 보통화가 모든 지역에서 통할 수 있게 됐어. 예를 들면 서쪽 끝의 라싸 사람이

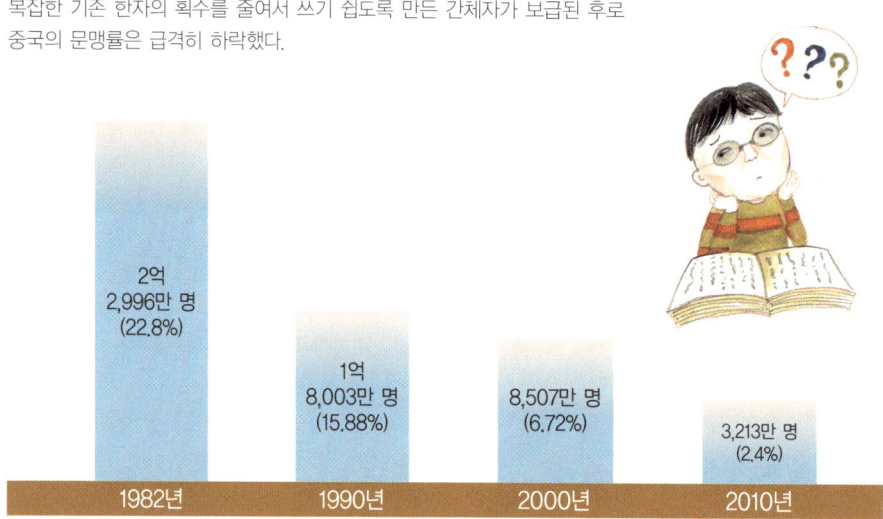

중국의 문맹률

복잡한 기존 한자의 획수를 줄여서 쓰기 쉽도록 만든 간체자가 보급된 후로 중국의 문맹률은 급격히 하락했다.

〈출처: 중국의 2010년 인구 조사 자료〉

나 동쪽 끝의 하얼빈 사람이 만나도 보통화로 대화가 가능하게 됐지. 전에는 상상할 수도 없는 일이었어.

　우리나라는 배우고 쓰기 쉬운 한글이 있어서 다행이지만, 중국의 문자인 한자는 배우고 쓰고 구별하기가 어렵단다. 한자의 이러한 결점 때문에 현재의 중국이 건국될 당시만 해도 문맹률이 80%에 이르렀어. 그래서 중국 공산당 정부는 복잡한 한자 대신 간단한 한자인 '간체자'를 고안해 냈단다.

간체자는 기존 한자의 획수를 줄여서 쓰기 쉽도록 만든 일종의 개혁 문자라고 할 수 있지. 간체자는 우리나라와 타이완, 홍콩 등지에서 사용하는 옛날 그대로의 한자와는 상당히 달라. 중국 사람들은 옛날 한자를 '번체자'라고 부르는데, 배우고 쓰기에 번거로운 글자라는 뜻이야.

현재 중국에서는 2,200여 개의 간체자가 사용되고 있지. 젊은이들을 비롯해서 대부분의 중국 사람들은 간체자만 알고 번체자는 잘 몰

라. 반대로 기존의 한자(번체자)를 배운 우리나라 사람들은 중국 여행을 가면 간체자로 써 있는 간판을 전혀 읽을 수가 없지.

중국 사람들은 외래어를 마구잡이로 쓰지 않고 나름대로 한자를 이용해서 자기 나라 말로 번역해서 사용한단다. 예를 들어 '컴퓨터'를 '전자로 만든 뇌'라는 뜻의 '뎬나오(电脑·전뇌)'라고 하는 등 의미를 부여해서 자기 나라 말로 바꿔서 쓰고 있지. '핸드폰'은 '손기계'라는 뜻의 '서우지(手机·수기)'라고 해. 모국어에 대한 긍지와 문화적 자존심이 없으면 불가능한 일이야. 외래어를 표기할 때는 외국어의 발음과 비슷하면서도 뜻이 좋은 한자를 골라서 붙여. '코카콜라'는 '可口可乐(가구가락)'이라고 해. 발음은 '커코우커러'로 '입에 맞고 먹을수록 즐겁다'는 뜻이지. 우리나라 할인점 '이마트'는 '쉽게 살 수 있다'는 뜻의 '易買得(이마이더)', 프랑스 할인점 '까르푸'는 '가정에 즐거움과 복이 온다'는 '家樂福(자러푸)', KFC의 '켄터키'는 '肯德基(컨더지)', '해커'는 '검은 손님'이라는 뜻의 '黑客(헤이커)'라고 한단다. 어때, 발음뿐만 아니라 뜻도 비슷하지?

하지만 문제는 우리나라와 일본의 지명이나 인명도 한자 발음대로 읽는 데 있어. 우리나라의 김씨는 '진'이라고 부르고, 박씨는 '퍄오',

문씨는 '원'이라고 발음하지. 우리나라 수도인 서울의 이름만 해도 중국 사람들은 한동안 '한청(漢城·한성의 중국식 발음)'이라고 불렀어.

　서울시는 2005년 1월에 서울의 중국식 표기를 서울과 발음이 비슷하고 '으뜸 도시'라는 뜻을 가진 '首尔(서우얼)'로 바꿨다고 선언하고 중국에 漢城(한청) 대신 首尔(서우얼)로 표기해 달라고 부탁했어. 중국은 서울시의 부탁에 처음엔 시큰둥한 반응을 보였지만 2005년 10월부터 首尔(서우얼)로 부르기 시작했어. 또 모든 항공사의 이·착륙 편 이름도 首尔(서우얼)로 바꾸었지.

3장

중국을 움직이는 힘

중국의 3대 핵심 권력

중국은 공산당 1당 **독재 국가**야. 물론 우리나라처럼 여러 **정당**이 있긴 하지만 모든 권력은 공산당에 집중되어 있어. 우리나라처럼 국민들이 직접 선거를 통해 대통령을 뽑는 것이 아니라 공산당 내부에서 지도자를 선출하는 것이지. 중국은 정치 구조가 상당히 복잡해. 신문이나 방송의 뉴스를 보면 중국의 주석이 어쩌고, 총서기가 어쩌고, 총리가 어쩌고 해서 매우 헷갈리지? 도대체 누가 누군지 알 수가 없을 거야.

중국을 움직이는 '3대 핵심 권력'은 '공산당, 국무원, 인민해방군'이야. 공산당을 대표하는 것은 중국 공산당 총서기이고, 국무원은 총리가, 인민해방군은 중앙군사위원회 주석이 통솔하고 있어. 그러나 군대를 통솔하는 중앙군사위원회 주석을 공산당에서 뽑기 때문에 공산당이 군대까지 장악하고 있지. 말하자면 공산당이 최고의 권력 기관이라 할 수 있어.

그러면 중국 권력의 핵심인 중국 공산당에 대해 알아볼

독재 국가
특정한 개인·단체·당파·계급 등이 모든 권력을 차지하고 모든 일을 단독으로 지배·처리하는 국가.

정당
정치상의 이념이나 이상을 함께하는 사람들이 그 이념이나 이상을 실현하기 위하여 모인 단체.

중국의 3대 핵심 권력

중국의 정치 구조는 공산당이 모든 권력을 쥐고 있고 삼권 분립이 명확하지 않아서 이해하기 어렵지만 모든 결정은 공산당에서 한다고 생각하면 된다. (2014년 9월 기준)

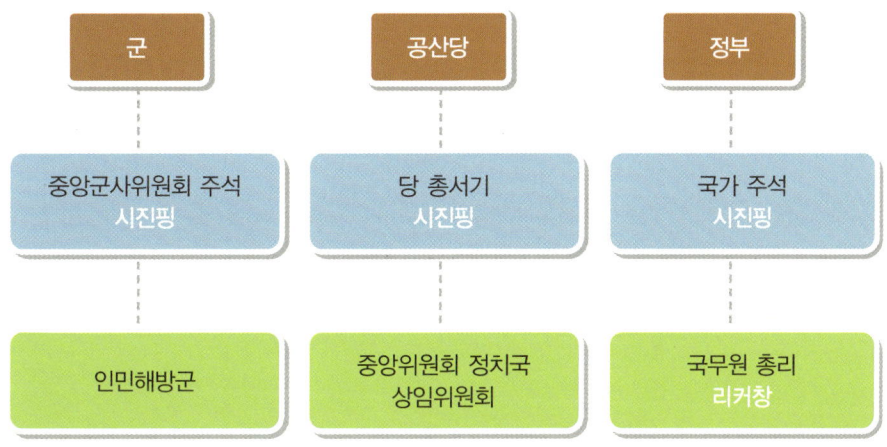

까? 1921년에 만들어진 중국 공산당은 당원이 약 6,600만 명이야. 중국 공산당은 중국 건국의 주인공답게 절대적인 권력을 갖고 있어.

중국 공산당의 최고 정책 결정 기구는 중앙위원회야. 중앙위원회의 우두머리를 총서기라고 하는데, 바로 이 총서기가 공산당을 이끄는 최고 지도자란다. 우리나라로 치면 당 대표인 셈이지.

다음으로 국무원은 우리나라의 **내각**에 해당하는 것으로 외교, 경제, 교통, 복지, 교육, 통신 등 실무적인 행정을 집

내각
국무 위원으로 조직되어 국가의 행정을 담당하는 행정 중심 기관.

행해. 국무원의 우두머리를 총리라고 하는데, 우리나라의 국무총리와 비슷하단다.

마지막으로 인민해방군은 중앙군사위원회가 **통수권**을 갖고 있어. 중앙군사위원회의 우두머리를 주석이라고 하는데 임기가 5년으로 정해져 있어. 바로 이 중앙군사위원회 주석을 중국의 최고 권력자라고 보면 돼.

통수권
한 나라의 군대를 지휘·통솔하는 권력.

중국의 제3세대 지도자인 장쩌민은 2003년에 당 총서기 자리를 후계자인 후진타오에게 물려주면서도 중앙군사위원회 주석 자리는 끝내 내놓지 않다가 2004년 9월에야 물려주었지. 권력을 행사하는 중요한 자리라 끝까지 놓고 싶지 않았던 거야.

　마오쩌둥이 "모든 권력은 창과 칼에서 나온다"고 말했을 정도로 중국 공산당은 군대를 매우 중요하게 여겨. 그래서 우리나라를 비롯해서 대부분의 국가는 국가 원수가 군의 통수권을 갖고 있는데, 중국은 특이하게도 공산당이 갖고 있단다.

중국에는 공산당, 국무원, 인민해방군 3대 핵심 권력의 우두머리 외에 국가 주석이 따로 있어. 하지만 국가 주석은 주요 정책의 결정권이나 인사권, 군 통수권 없이 대외적으로만 중국을 대표하는 이름만 국가 원수일 뿐이야.

현재 공산당 총서기, 중앙군사위원회 주석, 국가 주석 등을 시진핑 혼자서 다 맡고 있어. 시진핑은 마오쩌둥, 덩샤오핑, 장쩌민, 후진타오에 이은 중국의 5세대 지도자야. 국무원은 리커창 총리가 이끌고 있지.

이 밖에 권력은 없지만 헌법상 최고의 기관인 전국인민대표회의가 있어. 줄여서 '전인대'라고도 하는 이 기관은 각 지역과 인민해방군에서 선출된 약 2,900여 명의 인민 대표로 구성되어 있지.

이처럼 중국의 정치 구조는 공산당이 모든 권력을 쥐고 있고 **삼권분립**이 명확치 않은 데다 집단 지배 체제로 되어 있어서 처음에는 이해하기가 매우 어렵지. 하지만 모든 권력은 공산당에서 나오고 모두 결정은 공산당에서 이뤄진다고 생각하면 간단해.

삼권 분립
국가 권력의 집중으로 인한 폐단을 막기 위하여 국가 권력을 입법·사법·행정으로 나누어 분담하는 통치 조직의 기본 원리.

중국의 국기

중국의 국기는 '오성홍기'라 부르지.
'별이 다섯 개 있는 붉은 기'라는 뜻이야.
붉은 바탕에 왼쪽 윗부분에 있는 노란색 큰 별
하나를 작은 별 네 개가 둘러싸고 있는 형태지.
여기에서 큰 별은 중국 공산당을 뜻하고,
네 개의 작은 별은 중화인민공화국 건국 당시
인민 계급인 노동자, 농민, 도시 소자산 계급,
민족 자산 계급을 각각 상징하고 있어.
붉은색은 혁명과 중국의 전통을 상징하고,
별의 노란색은 붉은색 바탕과 대비해서
광명을 나타내지.

중국의 국가

우리나라 국가가 애국가이듯이
중국 국가의 이름은 '의용군 행진곡'이야.
가사는 다음과 같아. '일어나라!
노예가 되길 원치 않는 인민들아!
우리의 피와 살로, 우리의 새로운
만리장성을 건설하자! 중화민족이
가장 큰 위험에 닥쳤다. (중략)
우리 모두가 한마음으로 적의 포화를
무릅쓰고, 전진! 전진! 전진!'
1930년대에 톈한이라는 사람이 작사한
것인데 내용이 꽤 장엄하고 감정이
실려 있지? 중국 공산당이
항일 투쟁 때 만들었기 때문이야.

중국의 군사력

인민해방군은 장제스가 이끄는 국민당 군대와 일본군을 물리치고 1949년 중국을 건국하는 데 큰 역할을 했지. 앞에서 중국의 군대는 국가의 군대가 아니라 공산당의 군대라는 것을 이야기했지?

중국의 군사력은 건국 당시만 해도 아주 형편없었어. 심지어 한국전쟁 때 **파병**을 하긴 해야겠는데 변변한 무기가 없어서 러시아에게 돈을 주고 신식 무기를 빌릴 정도였으니까.

한국전쟁 때 신식 무기로 무장한 미군과 맞붙은 중국 군대는 무기가 한참이나 뒤떨어졌다는 걸 뼈저리게 느꼈어. 그래서 러시아의 최신 무기를 도입하는 등 군을 현대화시키기 위해 노력했지.

중국군은 1991년 **걸프전쟁** 당시 목표물을 정확하게 공격하는 미국의 최첨단 무기를 보고 또 한 번 크게 자극받았어. 이대로 있다간 미군에 비해 군사력이 크게 뒤질 것이라는 생각에 러시아에서 전투기와 헬리콥터, 미사일, 잠수함 등 각종 첨단 무기를 구입하고 군사 기술 개발에 큰 힘을 쏟았지. 그 결과 중국은 군사 강국으로 우뚝 섰고

파병
군대에 어떤 임무를 맡겨 보내는 일. 한국은 전쟁으로 폐허가 된 이라크를 돕기 위해 자이툰 부대를 파병했다.

걸프전쟁
이라크가 1990년 8월2일 쿠웨이트를 침공해 유엔과 미국이 이라크를 응징하기 위해 일으킨 전쟁.

미국과의 군사력 차이를 좁힐 수 있었어.

　중국군이 가지고 있는 장비에 대해 살펴볼까? 중국군은 전차 7,000여 대, 잠수함과 싸울 수 있는 전투함 63척, 1,000톤급 이상 잠수함 63척, 핵잠수함 6척, 중거리 이상 탄도 미사일 170여 대 등의 첨단 장비와 장갑차 5,600대, 상륙함 70척, 전투기 3,000대, 핵탄두를 운반할 수 있는 폭격기 320대를 갖추고 있는 것으로 알려져 있지.

　현재 중국은 미국과 러시아에 이어 세계 3위의 군사 강국이 되었어. 무시무시한 핵탄두도 350~450개나 갖고 있다고 해.

중국의 국방 예산

매년 늘어난 중국의 국방 예산은 최신 무기의 도입과 군의 현대화를 의미한다. 그 결과 중국은 현재 미국과 러시아에 이어 세계 3위의 군사 강국이 되었다.

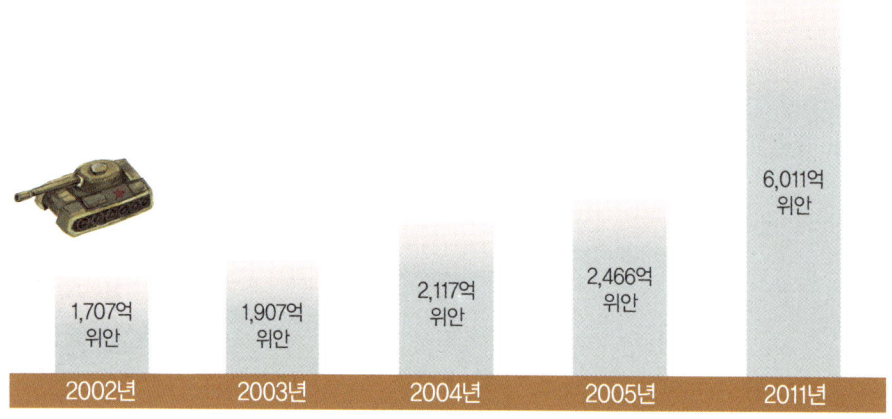

〈출처: 중국 국방 백서〉

선저우 5호
중국 최초의 유인 우주선이자 국가로는 미국, 러시아에 이어 세계에서 세 번째로 발사에 성공한 우주선이다. 중국은 1999년 11월 무인 우주선인 선저우 1호를, 이후 2002년 12월 선저우 4호를 발사했다. 원래 선저우 5호는 2005년에 발사될 예정이었으나, 선저우 4호의 성공으로 계획을 2년 앞당겨 2003년 10월 15일 발사되었다.

중국은 이미 1964년에 핵 실험에 성공했고, 2003년에는 미국과 러시아에 이어 세계에서 세 번째로 유인 우주선 선저우 5호 발사에 성공했는데 이 우주선 개발 임무도 군이 맡아서 하고 있지. 중국군은 군인의 숫자로만 따지면 2004년 말 현재 230만 명으로 세계 1위야. 세계 최대의 군사 강국이라는 미국도 군인은 140만 명에 불과해.

그동안 중국군은 항공모함이 없었는데 2011년 여름 드

인민해방군의 행진
2004년 8월 1일 인민해방군 창설 77주년을 기념하기 위해 인민해방군이 홍콩에서 행진을 하고 있다.

디어 항공모함 건조에 성공했지. 이제 중국 해군은 항공모함을 이용해서 가까운 바다에서 벗어나 먼 바다까지 나갈 수 있게 되었고, 그리하여 미국이나 러시아처럼 해양 군사 대국으로 거듭나고 있단다. 하지만 중국의 항공모함 때문에 이웃 나라인 우리나라뿐만 아니라 일본이나 타이완 등은 잔뜩 긴장하고 있지.

중국의 외교 전략

중국은 1949년 건국 이후 홀로서기를 하겠다며 한동안 외부와 교류를 하지 않았어. 한국전쟁에서 강대국인 미국과 맞서 대등한 싸움을 벌인 뒤 국제 사회에서 반짝 주목을 받기도 했지만 곧 문을 걸어 잠갔지. 중국을 이끌었던 마오쩌둥은 외부와의 교류 없이 스스로 경제를 일으키겠다는 욕심으로 1958년부터 **대약진 운동**을 펼쳤어. 그래서 서방 언론들은 중국을 '죽(竹·대나무)의 장막' 속에 갇힌 나라라고 비난하기도 했지.

그러나 흉년이 계속되는 바람에 경제가 휘청거렸고, 마오쩌둥에 대한 국민들의 비판이 쏟아졌어. 마오쩌둥은 정치적 입지를 강화하기 위해 1966년에 엉뚱하게 문화대혁명을 일으켰는데, 문화대혁명은 반대파를 몰아내기 위한 일종의 사회주의 대중 운동이라고 할 수 있지. 마오쩌둥은 중·고교생을 동원해 지식인들을 탄압하는 등 10년 동안 전국을 광란의 소용돌이로 몰고 갔어. 이 때문에 중국은 국제 사회에서 너욱더 고립되어 갔지.

대약진 운동
1958년부터 중국 정부가 시행한 경제 성장 정책. 이 정책을 계기로 중국은 비약적인 경제 성장률을 기록했으나, 사실은 상당 부분 과장된 것이며 소련의 경제 원조 중단과 계속된 자연 재해로 중국 경제는 몰락의 길을 걸었다. 그 결과 마오쩌둥에 대한 비난이 쏟아졌고 마오쩌둥은 이를 만회하기 위해 문화대혁명을 일으켜 반대파들을 숙청했다.

중국은 한국전쟁 때 싸웠던 미국과는 1960년대 중반까지 적대 관계를 유지했어. 하지만 1968년에 우수리 강에서 소련과 국경 분쟁이 일어났고 핵전쟁까지 갈 뻔한 이후로 중국은 소련을 견제하기 위해 미국과 일본에 접근했지.

중국의 핑퐁 외교
1971년 일본 나고야에서 열렸던 세계 탁구 선수권 대회의 친선 경기를 계기로 중국과 미국, 일본은 교류를 시작하게 되었다.

1976년 마오쩌둥이 사망한 이후 실권을 잡은 덩샤오핑은 실용주의 노선을 걷기 시작했어. 그래서 경제를 중시하고 개혁 개방 정책을 폈지. 탁구 시합을 통해 미국과 교류의 물꼬를 튼 이른바 '핑퐁(탁구) 외교'를 통해 1979년 미국과 국교를 맺은 거야. 1981년에는 타이완을 대신해서 유엔의 안전보장이사회 상임이사국이 되는 등 국제 사회에서 중국의 위상은 점점 높아졌지.

1980년대부터 덩샤오핑이 추진한 대외 전략은 '도광양회(蹈光養晦)'

라고 할 수 있어. 이 말은 '칼날의 빛을 감추며 어둠 속에서 힘을 기른다'는 뜻이지. 쉽게 표현하면 인내하면서 때를 기다린다는 것으로 미국에 비해 군사력이 크게 뒤지니까 당분간 문제를 일으키지 않고 힘을 기르는 데 전력을 다한다는 전략이었어. 중국은 그러면서 용의 발톱을 길러 왔단다.

21세기에 들어서면서 후진타오가 이끄는 중국의 대외 전략은 '화평굴기(和平崛起)'로 바뀌었어. '평화롭게 우뚝 선다'는 뜻으로 중국이 주변 국가와 평화적 관계를 유지하면서 경제 대국으로 거듭나겠다는 의지를 나타낸 말이지.

중국의 외교 전략의 기본은 내정 불간섭이야. 서로 남의 나라에 간섭하지 말자는 것이지. 뒤에서 자세히 설명하겠지만 중국은 내부적으로 많은 문제점을 안고 있어. 티베트 문제나 타이완의 독립 등이 그 예이지. 앞에서 이야기했듯이 중국은 외국이 이러한 문제를 이야기하는 것에 아주 민감하단다.

한반도에 대한 중국의 외교 전략은 평화 유지야. 북한이 핵을 갖는 것도, 남북한이 전쟁을 벌이는 것도 반대하지. 그렇다고 남북한이 통일되는 것도 환영하지 않아. 그저 지금 상태에서 힘의 균형을 이루며 평화가 이어지길 바라는 것이지.

중국은 항상 대외적으로 평화 공존을 주장하고 있어. 핵무기도 결코 방어용이지 공격용이 아니라며 핵무기로 먼저 공격하지 않겠다고 밝히고 있지. 또 원자바오 총리는 '중국은 다른 국가에 위협이 되지 않을 것이며 다른 나라를 지배할 의도도 없다'고 말하기도 했어.

그러나 중국은 겉으로는 평화를 내세우고 있지만 속으로는 일본이나 미국과 언젠가는 전쟁을 치러야 할지도 모른다고 생각하고 있어. 중국은 사실 일본과는 댜오위다오 군도 영유권 분쟁 등을 놓고 전쟁을 할지도 모른다고 생각하고 늘 준비하고 있단다.

또 중국이 타이완과 전쟁을 하면 미국이 끼어들 것으로 예상하고 있어. 그래서 중국은 4~5메가톤급 핵탄두를 준비하고 미국의 주요 도시들을 공격할 수 있는 대륙 간 탄도 미사일을 배치해 놓고 있지.

우리나라를 둘러싸고 있는 동북아시아는 세계적으로 볼 때 군사력의 집결지라고 할 수 있어. '세계의 화약고'인 셈이지. 군사력 세계 3위의 중국은 물론 군사력 순위 상위권에 있는 한국, 북한, 일본, 타이완 등이 한반도를 중심으로 동북아시아에 몰려 있기 때문이지. 만약 이 지역에서 전쟁이 일어나면 불바다가 될 것이 뻔해. 그래서 우리는 이 지역에서 평화가 유지될 수 있도록 많은 노력을 기울여야 한단다.

세계를 휩쓰는 중국의 경제력

세계는 중국의 눈부신 경제 발전을 주목하고 있어. 그리고 중국의 경제를 이야기할 때 덩샤오핑을 빼놓을 수 없지.

마오쩌둥 이후 중국의 지도자였던 덩샤오핑은 1979년 미국을 방문하면서 많은 것을 보고 느끼게 됐어. 실용주의자였던 덩샤오핑은 중국을 발전시키기 위해서는 개방밖에 없다는 결론을 내렸지. 그래서 내세운 게 '흑묘백묘론(黑猫白猫論)'이야. '흰 고양이나 검은 고양이나 쥐만 잡으면 된다'는 뜻으로 '중국을 발전시키는 데는 자본주의 경제 체제든, 사회주의 경제 체제든 상관 없다'는 주장이지.

그 후 중국은 정치에서는 공산당 1당 독재 체제를 유지하고, 경제에서는 자본주의를 도입한 중국식 시장 경제를 시도했어. 중국식 자본주의는 몇 가지 문제점에도 불구하고 성공했다는 평가를 받고 있지.

덩샤오핑의 개방 정책으로 중국은 외국의 자본과 기술을 받아들이기 시작했어. 그리고 선진국 회사의 상표를 붙여서 물건을 납품하는 **주문자 상표 부착 방식(OEM)**으로 물

> **주문자 상표 부착 방식(OEM)**
> 자기 상표가 아니라 주문자가 요구하는 상표를 붙여 제품을 생산하는 방식. 당장 이익을 볼 수는 있으나 자신의 상품 대신 주문자의 상품을 제조하기 때문에 독자적인 브랜드가 없어서 장기적인 발전이 어렵다.

품을 생산했어. 값싼 노동력과 자원을 바탕으로 '세계의 하청 공장' 역할을 한 것이지. 전 세계에서 유통되는 상품 중에 가격이 낮은 것들은 대부분이 중국산이라고 보면 돼. 똑같은 소니 제품이라도 일본에서 만든 것은 비싸고 중국에서 만든 제품은 값이 싸단다.

그렇게 한동안 하청 생산만 해 왔던 중국은 차츰 기술을 쌓게 됐고,

둥팡밍주 탑

개혁 개방과 경제 발전의 상징인 상하이의 푸둥 지구

이제는 거대한 용으로 떠오르고 있어. 중국은 선진국을 상대로 시장을 내준 대신 기술 이전을 요구했고 선진 기술을 착실히 쌓을 수 있었던 거야.

세계 최대의 투자 은행 중의 하나인 **골드만 삭스**는 '중국 경제가 2039년에 세계 최강인 미국을 따라잡을 것'이라고 전망하기도 했지. 중국은 이미 경제력에 있어서 세계 2위였던 일본을 따돌리고 미국과 함께 주요 2개국(G2) 대열에 우뚝 섰어.

골드만 삭스
1869년에 세워졌으며 국제 금융 시장을 주도하는 대표적인 투자 은행 겸 증권 회사. 뉴욕에 본부가 있다.

국내 총생산(GDP)
일정한 기간에 한 나라에서 생산한 최종 재화와 용역의 합계. 보통 1년을 기준으로 한다.

중국 경제는 해마다 평균 9%의 경제 성장률을 기록하고 있는데, 2010년 중국의 **국내 총생산**(GDP)은 5조 8,786억 달러로, 5조 4,742억 달러인 일본을 추월하고 세계 2위에 올랐지. 중국은 2005년에는 프랑스를, 2006년에는 영국을, 2007년엔 독일을 각각 따돌렸어.

경제 성장과 함께 무역 규모도 빠르게 성장하고 있지. 2010년 중국의 무역 규모는 2조 9,729억 달러로 독일과 일본을 제치고 세계 2위에 올랐어. 그런데 무역 규모 세계 10위인 홍콩의 8,430억 달러를 더하면 3조 2,462억 달러인 미국보다 많아서 세계 1위인 셈이지. 2010년의 무역 흑자액도 1,865억 달러나 됐어.

하지만 이러한 중국의 눈부신 경제 성장을 좋지 않게 보는 사람들도 있어. 중국 경제의 부의 원천은 화교(해외에 거주하는 중국 교포)와 외국 자본이기 때문에 중국의 것이라고 보기 어렵다는 지적이지. 실제로 2001년의 경우 중국에 대한 외국인 투자 중에서 절반이 넘는 216억 달러가 화교 자본이었어.

또 중국이 생산하는 제품은 대부분 저가 상품이라는 것도 중국 경제의 미래를 비관적으로 보게 하는 이유 중의 하나야. 우리나라뿐 아

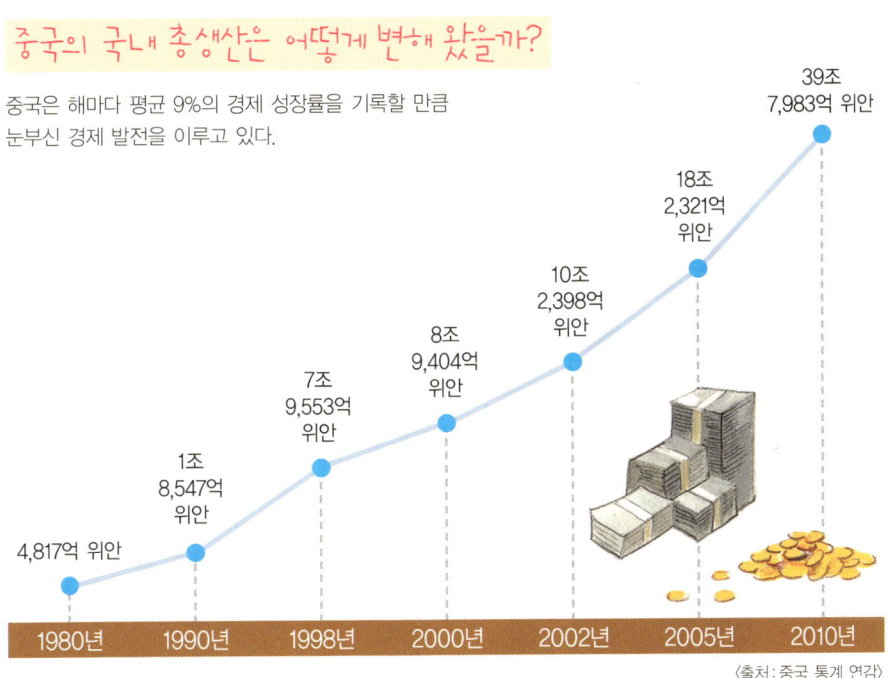

중국의 국내 총생산은 어떻게 변해 왔을까?

중국은 해마다 평균 9%의 경제 성장률을 기록할 만큼 눈부신 경제 발전을 이루고 있다.

〈출처: 중국 통계 연감〉

니라 세계 각국의 할인 매장을 찾으면 값싼 제품에는 하나같이 '메이드 인 차이나(MADE IN CHINA)'라고 찍혀 있는 것을 볼 수 있을 거야. 중국은 값싸고 무궁무진한 노동력에 의존해서 저가 상품을 만드는 데 주력하고 있는 것이 사실이야. 그래서 영원히 '세계의 하청 공장'이나 '세계의 공장' 노릇밖에 하지 못할 것이라는 놀림도 받고 있지.

그러나 중국을 싸구려 제품만 생산하는 국가로 여겨서는 안 돼. 중국은 최근 저가 상품에서 고부가가치 상품으로 눈을 돌리고 있어. 싸구려 상품을 만들면서 점차 기술을 쌓아 높은 기술력을 갖게 됐고, 여기에다 값싼 노동력을 바탕으로 경쟁력 있는 제품을 만들 수 있게 됐지.

중국은 핵무기와 우주선도 만들 수 있는 나라이기 때문에 기술 수준이 낮다고만 할 수는 없어. 첨단 기술을 차곡차곡 쌓아 가고 있는 중국은 언젠가 우리나라나 일본을 앞지를 수도 있단다.

중국의 교육 제도

중국의 교육 제도는 기본적으로 우리나라처럼 6(초등학교)-3(중학교)-3(고등학교)-4(대학교)로 되어 있어. 일부에서는 5-4-3-4로 되어 있기도 하지만 대부분은 초등학교 6년, 중학교 3년, 고등학교 3년, 대학교 4년으로 우리나라와 같아.

중국의 어린이는 유치원을 거쳐 만 6세가 되면 우리나라의 초등학교에 해당하는 '샤오쉐(小學)'에 입학해. 중국에서는 우리나라와 달리 중학교에 입학하기 위해 시험을 치른단다. 그래서 유명한 중학교에 입학하기 위해 초등학생들도 과외를 하는 경우가 많아.

우리나라의 중학교와 고등학교를 합친 과정을 중국에서는 '중쉐(中學)'라고 불러. 중쉐는 우리나라의 중학교에 해당하는 '추중(初中)'과 고등학교에 해당하는 '가오중(高中)'으로 나뉘지.

중학교나 고등학교에 진학하면 과외 열풍은 더욱 거세져. 일류 대학이 아니면 취업하기 힘들다는 생각 때문이지. 그래서 대학 입시 학원은 일 년 내내 학생들로 북적거린단다.

중국 사람들은 명문대를 졸업하면 성공이 보장된다고 여기기 때문에 명문대 입학 경쟁이 치열해. 입시 경쟁은 우리나라보다 더하면 더 했지 덜하지는 않을 거야. 수험생들의 스트레스 또한 우리나라 못지않단다.

　새 학년의 시작은 우리와 달리 매년 9월이야. 그래서 추운 겨울이 아닌 한여름에 시험을 치르지.

　치열한 입시 경쟁을 뚫고 대학교에 입학하면 모두 기숙사 생활을 해야 한단다. 기숙사 생활은 집단화를 중시하는 중국 정부의 교육 정책 중 하나라 할 수 있어. 학교 바로 옆에 자기 집이 있어도 학생은 물론 교수들도 기숙사 생활을 해야 한단다. 그래서 웬만한 대학은 수만 명이 살고 있는 미니 도시라고 할 수 있어.

중국 최고의 명문 대학은 베이징 대학(北京大學)과 칭화 대학(淸華大學)인데 이들 대학은 길 하나를 두고 아주 가까운 곳에 자리하고 있어. 베이징 대학은 인문 계열에 강하고 칭화 대학은 이공 계열이 유명하단다.

베이징 대학과 칭화 대학 학생들은 최고의 대학에 다닌다는 자부심이 대단해. 13억 명이라는 어마어마한 인구 중에서 뽑힌 학생들이니 그럴 만도 하지. 전국 곳곳의 고등학생들은 명문대 입학을 바라는 마음에서 베이징 대학과 칭화 대학을 방문해서 기념 사진을 찍기도 해. 그뿐만 아니라 베이징 대학과 칭화 대학을 방문하는 여행 상품도 있다고 하니 그 인기가 정말 대단하지?

특히 칭화 대학은 최근 중국의 지도자들을 줄줄이 배출하면서 큰 인기를 끌고 있어. 후진타오 중국 주석과 주룽지 전 총리 등이 모두 칭화 대학을 졸업했거든. 그래서 '중국의 10년 후를 보려면 칭화 대학을 보라'는 말까지 생겨났을 정도야. 더욱이 칭화 대학은 중국의 과학 기술 발전에 힘입어 많은 인기를 끌고 있지. 노벨 화학상과 물리학상을 받은 양전닝과 리충다오도 칭화 대학 출신이야. 2005년 유인 우주선 선저우 6호 발사를 담당한 기술자들도 대부분이 칭화 대학 출신들

건물 증축 공사가 한창인 칭화 대학 전경
앞부분에 칭화 대학의 교훈인 '자강불식 후덕재물(自强不息 厚德載物)'이 쓰여 있는 비석이 보인다. '스스로 쉼 없이 강하게 만들고, 덕을 쌓아서 물질적인 발달을 꾀한다'는 뜻이다.

베이징 대학 도서관
베이징 대학은 중국 최고의 명문 대학으로 중국 고대 건축 양식으로 지어졌다. 베이징 대학 도서관은 전국 곳곳에서 온 사람들이 기념 사진을 찍는 곳으로도 유명하다.

이지.

명문대의 학점 경쟁은 우리의 상상을 초월할 정도야. 중국의 대학은 공부를 안 하면 졸업을 할 수 없게 되어 있고, 학점과 성적 순서에 따라 유학과 취업 등 진로에서도 엄청난 차별을 받기 때문이지.

베이징 대학은 학사 관리가 가장 엄격한 것으로 유명해. 성적이 나쁘면 곧바로 퇴학을 당하게 되어 있어. 시험이 매우 어려워서 중간에 탈락하는 유학생들도 많아.

중국 당국은 대학생들이 중국의 미래를 이끌어 나간다고 보고 대학생들에 대한 사상 교육도 강화하고 있지. 이 같은 이유 때문에 중국의 대학생들은 남자, 여자 모두 정기적으로 군사 훈련을 받아야 해.

2011년 중국의 대학 순위

순위	대학	평점	순위	대학	평점
1	베이징대	100	11	지린대	33.68
2	칭화대	96.18	12	쓰촨대	32.23
3	저장대	56.1	13	베이징사범대	27.95
4	푸단대	55.57	14	난카이대	27.84
5	난징대	42.9	15	중난대	27.62
6	상하이자오퉁대	42.52	16	산둥대	27.49
7	우한대	39.37	17	하얼빈 공대	27.27
8	런민대	36.61	18	중국 과학기술대	27.2
9	화중 과학기술대	34.56	19	시안 자오퉁대	26.43
10	중산대	33.77	20	샤먼대	25.42

〈출처 : 중국 교우회 사이트〉

중국의 입시제도

중국도 한국처럼 까오카오(高考)라고 해서 수능 같은 게 있다. 그러나 우리나라와는 달리 중국의 까오카오는 한 여름에 치러진다. 중국은 9월에 새 학기가 시작되기 때문이다. 중국은 우리나라처럼 전국 모든 학생이 똑같은 문제로 시험을 치르는 것이 아니라 지역별로 문제가 다르게 출제된다. 750이 만점으로 지역마다 시험문제가 다르기 때문에 평가 기준도 달라진다.

4장

중국의 고민

초고속 성장의 후유증

중국은 겉으로는 안정되어 보이지만 사실 많은 문제점들을 안고 있어. 다민족·다문화 국가여서 사회 구성원들이 다양할 뿐 아니라, 그들이 각자 갖고 있는 사회에 대한 불만이 오랫동안 억눌려 왔기 때문이지. 홍콩에서 발행되는 한 주간지는 이러한 중국을 가리켜 '언제 터질지 모르는 압력 밥솥 같은 사회'라고 꼬집기도 했어.

개혁 개방 이후 더 심각해진 빈부 격차와 실업 문제 등은 수준 높아진 중국인들을 계속 자극하고 있지. 그런 데다 중국 정부가 집회와 시위를 금지하고 있어서 국민들은 불만을 터뜨릴 만한 통로가 없는 거야.

중국에서 자주 발생하는 반일 시위도 사실은 국민들의 사회에 대한 불만이 반일 시위라는 형태로 터져 나온 것이라는 분석도 있어. 그래서 중국에서 일어나는 반일 시위를 두려워하는 것은 일본보다는 오히려 중국 정부야. 중국 당국은 반일 시위가 중국 내의 여러 가지 사회 불만과 함께 터져서 정부에 대한 투쟁으로 이어질까 걱정하고 있지.

중국이 초고속 성장을 하면서 생겨난 가장 심각한 사회 문제는 빈

한국과 중국의 지니 계수 변화

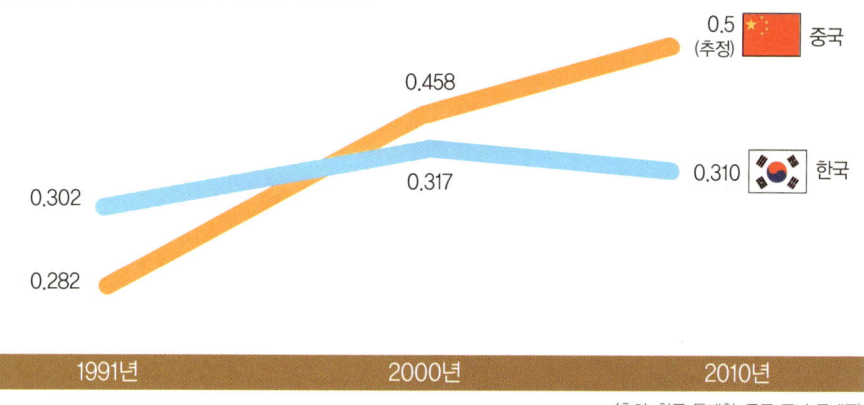

지니 계수란? 소득의 불평등 정도를 0에서 1 사이의 숫자로 표시한 것으로 0.4를 넘으면 소득 불평등이 심각한 수준이다.

중국: 0.282 (1991년) → 0.458 (2000년) → 0.5 추정 (2010년)
한국: 0.302 (1991년) → 0.317 (2000년) → 0.310 (2010년)

〈출처: 한국 통계청, 중국 국가 통계국〉

부 격차라고 할 수 있어. 모든 사람이 평등하게 사는 세상을 만든다는 **사회주의** 국가인 중국에서 빈부 격차가 심각한 문제로 떠오른 거지.

중국은 개혁 개방 이후 경제가 갑자기 성장하면서 벼락부자가 많이 생겨났지. 최근 중국에서는 '재산이 3,000만 위안은 있어야 부자 소리를 듣는다'는 말이 있어. 우리 돈으로 환산하면 약 42억 원이지만 중국의 싼 물가를 생각하면 실제 돈의 가치는 그 다섯 배 정도인 약 200억 원이나 되지. 중국에서 부자 소리를 듣는 사람은 전체 인구의 약 5%인 6,500만 명으로

사회주의
마르크스-레닌주의를 이념으로 하는 통치체제. 보통 공산당 독재 체제이며 생산 수단을 사회가 소유하고 계획 경제를 특징으로 한다.

우리나라 전체 인구보다 더 많아.

　대도시의 부자들은 화려한 식당에서 비싼 식사를 하고 종업원에게 팁으로 100위안(약 17,000원)씩을 선뜻 주기도 해. 게다가 한 끼에 8,000위안(약 135만 원)이나 하는 청나라 황실 요리인 만한전석을 먹기도 하고, 결혼 비용으로 100만 위안(약 1억 7,000만 원)을 쓰기도 하지. 부잣집 아이들은 명품 브랜드로 치장하고 1년에 드는 학비만 해도 4,000만 원이 넘는 사립학교에 다니고 있어.

　반면 도시 빈민들은 1위안(약 170원)짜리 죽 한 그릇으로 하루하루

를 버티며 어렵게 살고 있지. 베이징 최고의 번화가인 왕푸징이나 우다오커우에서는 거지들을 자주 볼 수 있어. 유엔은 하루 1달러 이하로 생활하는 사람을 **절대 빈곤층**이라 정했는데, 중국에는 이들 절대 빈곤층이 1억 5,000만 명이나 된단다.

실업 문제도 심각한 사회 문제가 되고 있지. 중국 정부는 **실업률**이 2010년 말 도시 지역 기준으로 4.1%에 불과하다고 발표했지만 전문가들은 실제로는 10%에 이르며 농촌 지역까지 합하면 20%에 달한다고 보고 있어.

실업 문제는 고학력자에게도 마찬가지야. 2000년까지

절대 빈곤층
최소한의 생계를 유지하기 위해 필요한 돈보다 버는 돈이 적은 계층의 사람들.

실업률
경제 활동을 할 수 있는 인구 중에서 실업자가 차지하는 비율. 일을 하고 싶어도 일자리가 없어서 일을 하지 못하는 사람만 통계에 넣는다.

베이징 시내의 빈민촌 어린이들
이들이 사는 주거 환경은 열악하지만 뒤쪽에는 고층 아파트가 즐비하다.

만 해도 대학을 졸업하면 대부분 취직을 할 수 있었는데 지금은 그렇지 않아. 대학생이 원하는 직장의 수준이 높아진 것도 원인이지만 사무 자동화와 공장 자동화 등으로 신입 사원을 많이 뽑지 않게 되었기 때문이지.

농촌 지역도 심각한 문제를 안고 있어. 농민들의 수입은 도시민들의 3분의 1도 안 돼. 그래서 매년 약 1,000만 명의 농민들이 농사를 포기하고 일자리를 찾아 도시로 몰려가고 있어서 농촌에는 버려진 땅이 늘어나고, 대도시에는 민궁 문제가 생겼지. 베이징이나 상하이, 광저우 등 대도시는 이러한 민궁들로 넘쳐나고 있어.

민궁들은 대도시에서 싼 임금으로 건설 현장 등 위험한 곳에서 힘든 일을 도맡아 하기 때문에 중국 경제를 받쳐 주고 있긴 하지만 때때로 시위를 벌이는 등 사회 불안 요

민궁
일자리를 찾아 농촌에서 대도시로 흘러들어 온 사람을 말한다. 통계에 따르면 민궁의 숫자는 대략 1억 명에 이른다.

민궁 일가족
네이멍구에서 무작정 베이징으로 상경한 한 민궁 가족이 자신들의 생명줄인 우마차의 고삐를 꼭 잡은 채 웃고 있다.

민궁들의 일터
하루하루 힘겹게 살아가는 대도시의 민궁들과 그 뒤로 높이 솟은 빌딩이 대조를 이루고 있다.

인이 되고 있기도 해.

 이와 함께 자본주의와 급격한 산업화 물결 속에서 이혼도 급증하고 있지. 중국의 한 통계에 따르면 2010년에는 196만 1,000여 부부가 헤어져 신혼부부 120만여 쌍보다 이혼 부부가 76만여 쌍 더 많았어. 하루 평균 5,000곳의 가정이 붕괴되고 있는 셈이야. 중국의 이혼율은 계속해서 늘어나고 있으며, 특히 베이징과 상하이 등 대도시는 30%까지 육박한 것으로 알려져 있지.

중국인의 생활 만족도

소득 불평등 문제가 심각하지만 대부분의 중국인들은 현재의 생활에 만족하고 있다.

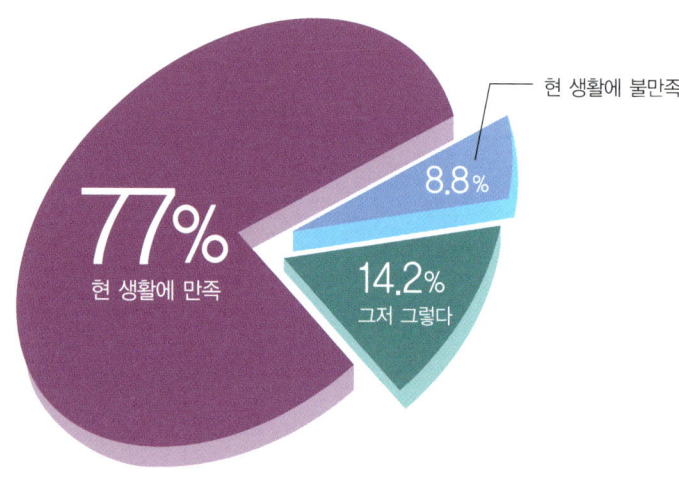

〈출처: 중국 여론 조사 기관 '링덴', 2004년 12월 조사〉

그러나 이러한 여러 가지 사회적인 문제점에도 불구하고 대부분의 중국 사람들은 현실에 만족하며 살아가고 있어. 중국의 링덴이라는 여론 조사 기관이 중국인의 생활 만족도를 조사한 결과, 응답자의 77%가 '현재의 생활에 만족한다'고 대답했어. 열 명 중 여덟 명은 현재의 생활에 만족하고 있다는 것을 알 수 있지.

중국의 작은 황제들

중국의 각 가정에서 황제처럼 떠받들고 있는 외동아들이나 외동딸을 샤오황디(소황제)라 부른다는 것은 앞에서 이야기했지? 옛날에 중국 천하를 지배했던 황제를 빗댄 표현이야.

중국은 날로 늘어나는 인구 때문에 1970년대 말 1가구 1자녀 정책을 시행했어. 이 정책은 한 가구에 한 자녀만 허용하는 것으로, 그로

샤오황디!
천안문 광장을 찾은 한 어린이가 엄마와 할머니 앞에서 어리광을 부리고 있다.

베이징 거리에 있는 한 아동복 상가의 광고 간판
기업들은 양육비를 아끼지 않는 부모들을 이용해 영유아 제품의 가격을 올리고 있다.

인해 가정에서는 외동딸과 외동아들을 금이야 옥이야 황제처럼 떠받들며 키우게 됐지. 2016년 1월부터 둘째 아이를 낳을 수 있도록 허용했지만, 높은 육아 비용 때문에 여전히 한 자녀만 낳는 가구가 많단다.

샤오황디는 중국의 경제 성장과 함께 풍요로움을 누리며 부모의 과잉 보호 아래 성장하고 있어. 부모, 친조부모, 외조부모 등 모두 여섯 명이 한 명의 샤오황디를 떠받들고 있지.

샤오황디로 인한 가장 큰 사회 문제 중 하나가 엄청난 사교육비야. 샤오황디들은 5~6세만 되면 영어, 바이올린, 피아노, 수영, 골프, 붓글씨, 성악, 회화, 무용, 무술 등 수많은 과외를 받고 있어. 중국의 학부모들은 자신들이 못 다 이룬 꿈을 하나밖에 없는 샤오황디가 이뤄주길 바라며 허리띠를 졸라매고 있지.

결혼 초 상당수 직장인들은 수입의 절반 정도를 아이를 키우는 데 쓰고 있어. 그래서

샤오황디 양육에 부담을 느껴 결혼을 미루는 풍습도 생겨났고 맞벌이를 하면서 자녀를 갖지 않는 부부도 늘어나고 있단다.

또 다른 문제점은 어린이 비만인데, 대도시에 살고 있는 18세가 안 된 청소년의 5분의 1이 비만이라고 해. 부모의 과보호 아래 잘 먹기만 하고 운동을 하지 않기 때문이지.

부모의 교육열 때문에 해외 유학생도 급증해서 2000년에 3만 9,000명에 불과했던 해외 유학생이 2010년에는 28만 4,700명으로 10년 만에 약 일곱 배로 증가했어. 미국과 영국, 호주 등 영어권 국가 대학들은 샤오황디 유학생들을 유치하기 위해 혈안이 되어 있지. 호주의 경우 2004년에 학생 비자를 받은 유학생 가운데 중국 학생들이 1위를 차지했어.

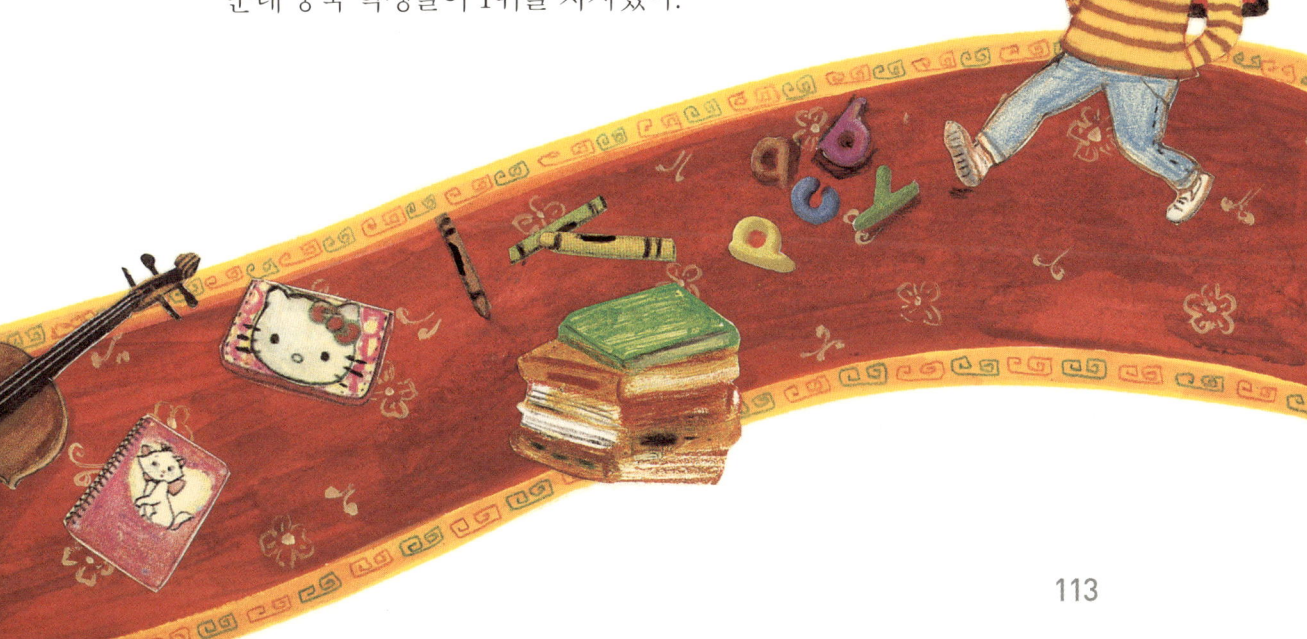

천안문 사건
1989년 6월 4일 민주화를 요구하며 베이징의 천안문 광장에서 시위를 하던 학생, 노동자, 시민들을 중국 정부가 탱크와 장갑차를 동원해 해산시키면서 많은 사람이 죽거나 다친 사건.

샤오황디는 부모나 조부모 세대가 겪었던 배고픔과 혼란 등을 모르고 자랐어. 일제 침략, 국공 내전, 문화대혁명, **천안문 사건** 등 격동 속의 중국 현대사는 그저 역사 속의 사건에 불과해. 그들에게는 오직 풍요가 있을 뿐이야.

그래서 기존 세대와는 다른 몇 가지 특징이 있어. 보수적인 중국인들과는 달리 현실적이고 감정 표현에 솔직해. 결혼 상대자도 경제적인 능력을 가장 먼저 따지지. 창의성과 독창성은 뛰어나지만 이기적이고 독선적이며 독립심이 없다는 비판도 있어.

반면 샤오황디는 왕성한 소비욕 때문에 중국의 소비를 주도하면서 중국 경제를 이끌어 가는 원동력이 되고 있어. 경제 활성화를 위해 소비 촉진에 애쓰고 있는 중국 정부로서는 샤오황디가 고마운 존재인 셈이지.

샤오황디들은 풍요로움과 과보호 속에서 생활하고 있긴 하지만 나름대로 어깨가 무겁다고 할 수 있어. 부모의 온갖 기대를 받고 있는 것은 물론 중국의 미래가 그들에게 달려 있기 때문이야.

긴장 속의 시짱과 신장

중국 정부가 소수 민족 문제에서 중요하게 여기는 곳이 티베트 시짱 자치구와 신장 위구르 자치구야. 이 지역에서는 간혹 분리 독립을 요구하는 분쟁이 일어나곤 하지.

특히 가장 민감한 곳이 티베트 시짱 자치구야. 티베트는 원래 청나라 때까지만 해도 중국과 인도의 영향을 받는 부족 국가 형태의 자치

지역이었어. 그러나 중국에 합병된 뒤로 세계 지도에서 티베트는 사라져 버렸지. 중국은 티베트 지역을 시짱 자치구로 편입시키고 티베트인들을 짱족이라고 부르고 있어. 그래서 시짱 자치구는 옛날의 티베트이고, 짱족은 티베트인이라고 보면 돼.

청나라 강희 황제 때인 1720년에 청나라 군대가 티베트의 수도인 라싸에 쳐들어갔어. 청나라와 티베트는 협상을 벌여 청나라는 티베트의 종교 지도자인 **달라이 라마**의 권위를 인정하고, 티베트는 청나라 관리와 군대의 주둔을 허용키로 합의했지. 그 후 티베트는 일정 부분 청나라의 영향력 아래 있게 되었어.

1904년에는 영국이 아시아 지역으로 진출하기 위해 티베트를 침략했지. 영국군의 신식 무기에 맞서서 티베트 군대는 화승총과 활 등 구식 무기로 용감하게 싸웠지만 패배하고 말았어. 싸움에서 이긴 영국은 티베트에 전쟁의 책임을 물어 배상금을 요구했지. 당시 티베트를 이끌었던 달라이 라마 13세는 몽골로 도망갔다가 러시아로 가서 도움을 요청했으나 거절당했어. 이때 중국이 티베트를 대신해서 영국에 배상금을 지불했는데, 이로써 '중국은 티베트의 종주국'이라는 것을 온 세계에 알린 셈이지.

달라이 라마
티베트 불교인 라마교의 지도자. 현재의 제14대 달라이 라마는 1940년에 즉위했으며 국제 사회에서 티베트의 독립을 위해 애쓰고 있다.

1913년 **신해혁명**으로 중국이 어수선한 틈을 타서 달라이 라마 13세가 독립을 선언했고, 중일 전쟁으로 중국의 간섭이 약해져서 그럭저럭 독립 국가 형태를 유지할 수 있었지. 그러나 전통적인 보수주의 때문에 외교적인 노력을 기울이지 못했고 그 결과 국제적으로 독립 국가로 승인받지 못했어.

> **신해혁명**
> 중국의 전제 정치를 무너뜨리고 중화민국이라는 공화정을 탄생시킨 혁명. 혁명이 발발한 1911년이 신해년이어서 신해혁명이라고 한다. 중국은 10월 10일에 일어났기 때문에 '쌍십절'이라고 해서 이날을 기념하고 있다.

1949년 국민당군을 물리치고 나라를 세운 중국 공산당 정부는 1950년에 티베트를 전격적으로 침공했어. 그러고는 시짱 자치구에 편입시켰지. 중국군이 강제 점령하자 티베트 정부는 유엔(국제연합)에 제소하기도 했으나 국제적인 외교 관계가 없어서 받아들여지지 않았지.

중국군 강제 점령 이후 티베트에서는 크고 작은 반중국 시위가 끊임없이 일어났어. 1959년 3월 10일 티베트의 라싸에서는 대규모 반중국 시위가 발생했지. 중국군의 대대적인 탄압이 이어졌고 약 6만 명의 티베트인들이 히말라야를 넘어 이웃 나라인 인도와 네팔로 망명했어. 일부는 히말라야에서 게릴라 활동을 하기도 했지. 이때 티베트의 지도자인 달라이 라마 14세도 중국군을 피해 인도로 망명해 인도 북부 다람살라에 망명 정부를 수립했어. 1989년 3월 5일에도 대규모 독립 시위가 일어났지. 약 1만 명의 승려들과 티베트인들이 라싸 거리를 점거하는 등 최악의 사태가 벌어졌지만 결국 진압됐어.

현재 티베트의 정신적 지도자인 달라이 라마 14세는 티베트의 독립을 위해 국제적인 외교 활동을 펼치고 있어. 그러나 2005년 3월에는 '중국이 티베트의 정신과 문화 보전을 약속하면 중국의 통치를 받아들이겠다'고 선언하기도 했어. 국제 사회에서 티베트의 독립 지원이 줄어들고 있는 상황에서 티베트의 근대화와 문화 보존이 더 절실하다고 느꼈기 때문이지.

평원에서 야크 떼와 양 떼를 모는 티베트인들

한편 서북부에 위치한 신장 위구르 자치구도 상당히 민감한 곳이야. '중국 속의 아랍'이라고 할 정도로 이슬람 정취가 물씬 풍기는 이곳도 많은 문제를 안고 있지.

위구르족도 청나라 건륭 황제 때 중국에 복속된 이래 지금까지 독립 투쟁을 반복하고 있어. 이들은 제2차 세계 대전이 일어나자 동투르키스탄 공화국을 세우고 독립했으나 1949년 중국에 강제로 합병된 뒤 1955년 10월 1일 신장 위구르 자치구로 편입됐지. 문화 대혁명 때에는 다른 소수 민족과 마찬가지로 많은 탄압을 받았어. 탄압을 못 견딘 민족주의자들은 옛 소련으로 탈출하기도 했단다.

위구르족들은 게릴라 단체를 만들어 파키스탄과 아프가니스탄 등에 진출한 중국인들을 대상으로 테러 공격을 가하기도 해. 특히 독일 뮌헨에 본부를 둔 분리주의 단체인 '동투르키스탄 해방 조직(ETLO)'

티베트 승려들
티베트에서는 종교가 곧 삶이라고 할 수 있을 만큼 종교가 일반화되어 있다.

은 2005년 10월 1일 신장 위구르 자치구 성립 50주년 기념일을 맞아 위구르족 동포들에게 무장 투쟁 동참을 호소하기도 해 중국 당국이 긴장하기도 했지.

중국은 '하나의 중국'이라는 원칙을 내세워 티베트 시짱 자치구나 신장 위구르 자치구의 분리 독립 운동을 짓누르고 있어. 만약 한 소수 민족의 독립을 허용한다면 나머지 소수 민족들도 들고일어날 것이 뻔하고 그렇게 되면 중국은 국토의 절반만 남게 되기 때문이지.

중국 정부는 티베트 시짱 자치구와 신장 위구르 자치구를 개발하기 위해 2000년부터 2050년까지 50년 동안 추진할 국가 중점 사업인 '서부 대개발 프로젝트'를 세웠어. 이미 2000년부터 2005년까지 5년 동안 총 1조 위안(약 170조 원)을 쏟아부었지.

중국 북서부의 칭하이성과 티베트 시짱 자치구를 연결하는 총 연장 1,925km의 칭장 철도, 신장 위구르 자치구와 중국의 상하이를 연결하는 천연 가스 송유관 등 각종 국가 기반 시설 구축에 열을 올리고 있단다.

서부 지역은 동부 지역에 비해 경제가 아주 낙후되어 있지만 석유, 천연 가스, 광물 등 천연 자원이 풍부한 천연 자원의 보고야. 특히 신장 위구르 자치구에는 석유 자원이 엄청나게 매장되어 있는 것으로 알려져 있어. 중국 정부가 서부 대개발에 나서는 이유는 표면적으로는 국토의 균형 발전이지만 분리 독립 욕구가 높은 이 지역을 개발해 정치적 안정을 이루려는 목적도 있지.

중국 내의 아랍 시장
신장 위구르 자치구의 투루판에 있는 시장에서 빵을 고르고 있는 위구르인들.

중국 정부와 중국 사람들은 티베트 시짱 자치구와 신장 위구르 자치구를 당연히 중국 영토라고 생각하고 있어. 그래서 외국인들이 티베트나 신장 지역의 독립 움직임에 대한 이야기를 꺼내면 아주 민감하게 반응한단다.

시짱 자치구나 신장 위구르 자치구는 우리가 알고 있는 중국과는 전혀 다른 세상이라고 할 수 있어. 이 지역에서 살고 있는 사람들은 한족들과 생김새는 물론이고 문자와 풍습, 문화, 옷차림 등이 완전히 다르고, 자연 환경 또한 무척 다르단다. 그래서 이 지역을 찾으면 '과연 중국이 맞나?' 하는 생각이 들 정도로 전혀 딴 나라처럼 느껴지지.

타이완과 전쟁을 할까?

중국에게 가장 큰 골칫거리는 타이완이야. 타이완과 중국 사이에는 경제 및 인적 교류가 활발하게 이뤄지고 있지만 정치와 군사적으로는 **냉전** 상태가 유지되고 있지. 중국은 타이완을 중국에 통일시키려고 하고, 타이완은 중국에서 분리 독립하려고 하기 때문에 긴장이 끊이질 않고 있어.

> **냉전**
> 무기를 사용하지 않는 전쟁으로, 서로 적대시하는 국가끼리의 대립 상태.

1949년 중국 대륙을 차지한 공산당군은 국민당군이 쫓겨 간 타이완을 왜 마저 점령하지 않았을까? 그것은 중국이 1950년에 터진 한국전쟁에 참전하느라 타이완에 신경 쓸 겨를이 없었기 때문이야.

그 후 타이완의 공산화를 우려한 미국이 타이완에 신식 무기를 지원했고 타이완이 군사적으로 단단히 준비하는 바람에 분단 상황이 굳어졌지. 본토와 타이완 사이에는 산발적인 포격전이 벌어지는 등 군사적 충돌이 끊이지 않았단다.

타이완은 중국이 침공할 수도 있다는 것을 항상 염두에 두고 있어. 그래서 중국의 침공 조짐이 있을 경우 미사일로 베이징, 상하이 등 대도시와 세계 최대 규모인 **샨사 댐** 등을 공격한다는 계획을 세워 놓고

산샤 댐
중국이 막대한 공사비를 투입해 2006년 5월 20일 양쯔 강 상류에 완공한 댐. 담수량이 390억 톤으로 세계 최대 규모이며 높이 185m, 길이 2.3km에 이른다.

있지. 또 중국의 침공에 대비해서 미국의 최첨단 무기로 섬 전체를 에워싸고 있어.

중국은 타이완과의 통일 방식은 하나의 중국에 서로 다른 두 체제가 존재하는 방식이어야 한다고 주장하고 있지. 그러나 어디까지나 중국이 유일한 중앙 정부이며, 타이완은 지방 정부에 불과하다는 생각이야. 이에 대해 타이완은 하나의 중국 속에 대등한 두 개의 지방 정부가 존재해야 한다는 통일 방식을 고집하고

있어. 하지만 타이완 내부에서는 통일보다는 분리 독립의 움직임도 만만찮아. 2008년에 마잉주 정부가 들어선 이후에는 중국을 자극하지 않으면서 평화적으로 독립을 추진하려는 방법을 찾고 있어.

타이완의 이 같은 움직임에 중국은 온 신경을 곤두세우고 있지. 만약 타이완이 독립하면 중국 내 여러 소수 민족들도 독립을 요구하고 나오는 도미노 현상이 일어날 수 있기 때문이야.

2005년에는 중국과 타이완의 긴장 상태를 해소해 줄 만한 역사적인

사건이 발생했어. 국공 내전 이후 56년 만에 처음으로 국민당과 공산당 대표가 한자리에서 만난 거지. 2005년 4월 29일 타이완의 제1야당인 국민당의 롄잔 주석은 중국 본토를 방문해 후진타오 공산당 총서기와 회담을 갖고 서로 적대 관계에서 벗어나 신뢰를 쌓자는 데 합의했지. 언론들은 이를 두고 제3차 국공 합작이라고 불렀어.

중국과 타이완은 서로 첨단 무기를 갖추고 맞서고 있지만 사실 전쟁이 일어날 가능성은 별로 없다고 볼 수 있어. 세계 3위의 군사력을 자랑하는 중국이지만 타이완의 최첨단 무기도 만만찮고, 또한 미국이 타이완의 뒤를 받쳐 주고 있어서 섣불리 침공할 수 없지. 또 중국이 전쟁을 위해 군대를 일으키면 중국 내 소수 민족들까지 독립을 외치며 일어날 수도 있어. 게다가 2008년 베이징 올림픽의 개최국이었던 중국은 큰 행사를 치르면서 전쟁까지 도모할 여력이 없었어.

중국이 타이완을 침공하면 국제적 비난이 쏟아질 것이고, 그렇게 되면 외국 자본은 썰물처럼 빠져나가고 말겠지. 그러니 경제 협력과 문화 교류가 활발하게 이뤄지고 있는 상황에서 중국과 타이완 사이에 전쟁이 일어날 염려는 당분간 접어 두어도 괜찮을 거야.

'석유 먹는 하마'의 비운

세계의 경제 전문가들은 급성장하고 있는 중국 경제를 걱정스러운 눈으로 바라보고 있어. 세계 경제는 중국의 에너지 대란을 걱정하고 있는 것이지.

중국은 경제의 빠른 성장과 함께 에너지 소비 대국으로 떠올랐어. 2010년의 경우 하루 석유 소비량이 783만 배럴(1배럴=158.9리터)로 일본을 제치고 미국에 이어 2위에 올랐어. 한마디로 '석유 먹는 하마'인 셈이지.

중국은 1993년까지만 해도 석유를 수출했으나 급속한 경제 발전과 소비 증가로 인해 석유를 많이 수입하게 됐단다. 미국을 제치고 제1의 원유 수입 국가가 됐지. 2004년에는 석유 소비량의 40%를 해외에서 수입했는데, 오는 2020년에는 전체 소비량의 60%를 수입할 전망이야.

석유 먹는 하마인 중국에 석유 공급이 끊기면 어떻게 될까? 중국에 석유 공급이 끊기면 중국은 곧 '죽은 공룡'으로 변하게 될 거야. '세계의 하청 공장'인 중국에서 기계가 멈추게 되고 저가의 중국 상품 생산이 중단되어 세계 경제는 그야말로 공황에 빠지게 되겠지. 이게 바로 전 세계 경제 전문가들이 우려하고 있는 '차이나 쇼크'란다. 그래서 세계 경제는 중국의 에너지 위기에 온 신경을 곤두세우고 있어. 세계 경제는 중국에 석유가 얼마나 안정적으로 공급되느냐에 따라 달라지기 때문이지.

　더욱이 중국은 총 석유 수입량의 반을 '세계의 화약고'인 중동에서 수입하고 있어서 공급 상황이 불안정하다고 볼 수 있어. 중국은 정치

적으로 불안정한 중동산 석유에 너무 의지하다가는 낭패를 볼 수도 있다고 생각해서 석유를 찾아 전 세계를 누비고 있지. 외교에서도 에너지 확보에 총력을 기울이고 있기 때문에 중국 정부는 아예 '에너지 외교'라는 용어를 사용하고 있을 정도야. 에너지 확보에 국가의 운명을 걸다시피 하고 있는 것이지.

중동산 원유는 값이 싸지만 미국이 방해하면 안정적으

에너지 외교
한 정부가 안정적인 경제 발전을 위해서는 에너지 확보가 중요하다고 보고 외교를 통해 에너지 확보에 총력을 다하는 것

로 확보하기가 어렵기 때문에 중국은 남미, 아프리카, 러시아, 동남아시아, 중앙아시아 등지로 눈을 돌리고 있어. 이미 남미의 베네수엘라에서 두 개의 유전을 직접 운영하고 있고, 아프리카 수단과 중앙아시아 카자흐스탄 등의 유전을 사들이기도 했지. 또 아시아, 아프리카, 남미 등 16개 국가의 유전 지분을 확보하고 있거나 석유 채굴권을 갖고 있단다.

중국은 석유 수입을 위해 상대방 국가에 도로나 항만을 건설해 주기도 하지. '도로 놓아 줄게, 석유만 팔아' 하는 식이야.

중국에서 에너지는 생산 활동에만 사용되는 것이 아니야. 13억 인구가 쓰는 전기와 물, 그리고 자동차에 들어가는 연료에도 사용되지. 특히 최근에는 에어컨과 냉장고 등 가전 제품의 보급이 늘어나 전기 사용량이 빠른 속도로 늘고 있어서 에너지 공급이 끊기면 중국 사람들의 생활은 엉망이 되어 버린단다.

중국 정부는 태양열과 풍력, 수력 발전 등 대체 에너지 개발에 박차를 가하고 있지만, 빠르게 성장하는 경제 때문에 당분간 석유 먹는 하마 신세는 면치 못할 거야. 중국의 미래는 에너지를 얼마나 확보하느냐에 달려 있다고 할 수 있어.

5장

중국 사람들은
어떻게 살아갈까?

관시 없으면 사회생활 힘들어

중국에서 사회생활을 하려면 '관시(關係)'가 매우 중요해. 관시는 사람 사이의 관계를 뜻하는데 정으로 오래 사귄 인간 관계를 가리키지. 중국에서는 관시가 있는 사람끼리 서로 도움을 주고받는단다.

중국에서는 사업을 할 때는 물론이고, 사회생활을 하는 데도 관시가 필요해. 중국에서는 '제도가 아닌 관시가 일을 한다'는 말이 있을 정도로 관시가 중요하지. 개혁 개방 이후에는 관시보다는 법과 제도가 많이 중요해지긴 했지만 아직도 중국 사회에서는 관시가 통용되고 있어. 그래서 중국 사람을 사귀거나 중국에서 사업을 하려면 제일 먼저 신뢰를 형성한 뒤 관시를 맺어 두는 게 필수야. 그래야 만사형통이지.

그렇다면 관시는 어떻게 맺어지는 것일까? 오랜 시간을 거친 신용과 거래가 없으면 안 되는데, 이를 위해서는 많은 시간과 노력이 필요하단다. 서로가 상대방에 대해 모든 것을 다 알게 된 다음에야 비로소 관시가 형성되는 거야. 수년간 끈끈하게 정으로 통해야만 비로소 관시가 맺어졌다고 할 수 있어. 어느 한순간에 돈이나 술로 살 수 없는 것이 관시야. 만약 호화로운 접대를 통해서 일을 처리했다면 그것은 관시가 아니라 접대일 뿐이지.

외국인인 우리나라 사람이 중국 사람과 관시를 맺기는 쉽지 않아. 중국 사람들은 처음엔 상대방을 잘 믿지 않고 쉽게 정을 주지 않기 때문에 친구로 사귀기가 힘든 편이야. 특히 외국인에게는 더더욱 마음을 쉽게 열지 않아.

중국 사람들은 처음 만난 사이에도 친한 척하지만 그것은 어디까지나 분위기를 서먹하게 만들지 않기 위해서일 뿐이야. 기차 여행을 할 때에도 옆좌석 승객과 금방 친해져서 많은 대화를 나누지만 목적지에 도착한 뒤 '짜이젠(안녕)'이라고 말하면 그걸로 끝이야.

또 중국 사람들은 상대를 만나자마자 금세 '펑요우(친구)'라고 부르지. 그러면 우리나라 사람들은 '벌써 친구 사이가 됐구나' 하고 온갖

정을 다 주었다가 나중에 배신당했다고 생각하는 경우가 많아. 그러나 중국 사람들은 진짜 친구를 '라오펑요우'라고 부르지. 오래된 친구, 친한 친구, 좋은 친구, 믿을 만한 친구라는 뜻이야. 모두가 친구지만 진짜 친구는 따로 있다는 것이지.

우리나라 사람이 중국 사람들과 관시를 쉽게 맺을 수 있는 방법은 무엇일까? 먼저 정을 주는 것이 중요해. 계산적으로 사귀면 안 되지. 중국어도 열심히 배우고 철저하게 중국 사람이 되겠다는 각오가 필요해. 중국 사람들을 이해하려고 노력하고, 중국 사람의 입장에서 생각해야 한단다. 그렇지 않으면 중국에서 관시를 맺기 힘들어. 특히 손님을 집으로 초대해서 정성껏 만든 음식을 대접하는 것도 관시를 맺을 수 있는 좋은 방법 중의 하나야.

중국 사람들은 한 번 믿을 만한 사람이라고 생각되면 끝까지 신뢰하지. 그래서 일단 관시를 맺어 친구가 되면 이 관계는 평생을 간단다.

자전거 없인 못 살아

중국을 여행할 때 가장 많이 볼 수 있는 것이 자전거란다. 특히 베이징 등 대도시에서는 출퇴근 시간에 봇물 터지듯 쏟아져 나오는 자전거의 행렬을 보면 기가 질릴 정도지. 자전거는 중국에서 중요한 교통 수단으로 당당히 대접받고 있어. 그래서 인도와 차도 사이에는 항상 자전거 전용 도로가 널따랗게 만들어져 있지. 중국에서는 자전거를 '쯔싱처'라고 하는데, '스스로 가는 차'라는 뜻이야.

상하이에서 좁은 길을 자전거로 출퇴근하는 시민들
중국에서 자전거는 서민들의 중요한 교통 수단이다.

중국에는 100가구당 약 143대의 자전거가 있는 것으로 알려져 있어. 한 집에 1.5대 꼴로 자전거를 갖고 있는 셈이지. 자전거 산업도 매우 발달해서 2007년의 경우 전 세계 자전거의 3분의 1에 해당하는 7,475만 대를 생산하기도 했어.

중국 사람들은 부자가 아닌 이상 웬만한 거리는 모두 자전거를 타고 다니고, 꽤 먼 곳은 먼저 자전거를 타고 전철역이나 버스 정류장까지 가서 대중 교통 수단을 이용하기도 해. 전철역이나 버스 정류장에는 모두 넓은 자전거 주차장이 마련되어 있는데 이용하려면 돈을 내야 하지. 쇼핑 센터 등에도 항상 자전거 주차장이 따로 마련되어 있어.

이처럼 중국에서 자전거가 필수품인 이유는 자동차를 살 돈이 없는 서민들이 많기 때문이기도 하지만 가장 큰 이유는 땅이 평평하기 때문이야. 우리나라와 달리 대부분의 대도시는 언덕이 거의 없어서 자전거 타기가 아주 좋단다. 특히 베이징의 경우는 언덕이 하나도 없이 모두 평탄한 길뿐이야.

또 대중 교통 수단이 별로 발달되어 있지 않아서 버스나 지하철이 구석구석 가지 않기 때문에 자전거가 필수품이 됐지. 심지어는 피자

배달도 자전거를 이용할 정도로 자전거가 보편화되어 있어.

출퇴근 시간에는 자전거가 쏟아져 나와 길거리를 뒤덮어 버리지. 비가 올 때도 자전거 행렬은 멈추지 않아. 비가 오면 모두 비옷을 입고 자전거를 타는데 형형색색의 비옷을 입은 사람들이 자전거를 타고 가는 모습은 매우 인상적이야.

젊은 여성들은 짧은 치마를 입고도 아무렇지도 않다는 듯 자전거를 타고 다닌단다. 긴 치마를 입었을 때는 치마 양 끝을 자전거의 양쪽 손잡이 끝에 걸어 놓고 타기도 하지.

새 자전거의 경우 우리 돈으로 2만~3만 원이면 웬만한 제품을 살 수 있어. 중국 사람들은 일평생에 자전거를 세 대 정도는 잃어버린다고 해. 유학생들도 유학 기간 동안 자전거를 잃어버리는 일이 많아.

깜박 잊고 자전거에 자물쇠를 채워 놓지 않으면 순식간에 없어지는 것은 물론 열쇠를 채워 놓아도 도둑맞는 경우가 많아. 우리나라 유학생들이 이런 사정을 모르고 새 자전거를 사는 경우가 많은데 대부분 구입한 첫날 잃어버리지. 특히 새 자전거는 '내 자전거 훔쳐 가세요'라고 광고하는 것과도 같아. 몇몇 유학생들은 꾀를 내서 자전거를 두세 대씩 한꺼번에 묶어 놓기도 하지만 그런 경우에도 아예 통째로 들고 가 버리고 말아.

　대로변이나 사람들이 많은 곳에 열쇠를 채워 놓은 자전거도 쉽게 훔쳐 간단다. 중국 사람들은 남의 일에 신경 쓰지 않아서 도둑이 자전거를 훔쳐 가는 것을 보고도 전혀 못 본 체해. 자전거 도둑이 극성을 부리는 이유도 바로 이 때문이야. 그래서 중국에서는 고물 자전거가 인기야. 고물 자전거는 도둑들이 잘 훔쳐 가질 않기 때문

베이징 도심의 간이 자전거 수리소

폐품 회수를 위한 베이징의 화물 자전거

자전거를 개조해 만든 소형 간이 운송 수단
주로 주택가와 지하철 역을 오간다.

인데, 도둑맞는 것을 피하기 위해 자전거를 산 뒤 일부러 고물처럼 만들기도 한단다.

  이러한 '자전거 왕국'인 중국에서도 최근 경제 성장에 힘입어 전기로 가는 자전거와 스쿠터가 보급되기 시작했지. 하지만 앞으로도 자전거는 상당히 오랫동안 중국 사람들의 발 역할을 톡톡히 해낼 거야.

복제품과 함께 사는 중국 사람들

경제의 급성장과 함께 명품 시장이 커지면서 가짜 상품(일명 짝퉁)도 불티나게 팔리고 있지. 그래서 중국에서는 '복제품 때문에 명품이 기를 못 편다'는 말까지 있어. 중국은 한마디로 '복제품의 천국'이라고 할 수 있지.

중국에서는 가짜 때문에 오히려 진짜를 구하기가 힘들 정도야. 중국에서 고급 술인 마오타이 주는 90% 정도가 가짜여서 진짜를 구하기가 힘든 상황이지. 특히 중국에서는 가짜 술과 가짜 분유 등으로 수십 명이 한꺼번에 목숨을 잃기도 했어. 가짜 상품은 전자 제품, 술, 담배, 식품, 한약재, 생필품, 약품, 잡화, 의류 등 품목을 가리지 않고 널리 퍼져 있어. 그래서 '가짜 술에 취하고, 가짜 약으로 술 깬다'는 우스갯소리도 있단다.

중국 젊은이들에게 최고 인기를 누렸던 '애니콜' 휴대폰도 'MADE IN KOREA'가 찍힌 가짜 상품이 버젓이 팔렸지. 심지어 우리나라 상품을 가짜로 만들어서 다시 우리나라에 파는 것은 물론 전 세계에 수출까지 하고 있어.

가짜 물건뿐 아니라 가짜 돈도 유통되고 있어. 가짜 돈이 많기 때문에 중국의 식당이나 가게에서는 100위안(약 1만 7,000원)이나 50위안(약 8,500원)짜리 지폐를 받으면 꼭 진짜인지 확인해 본단다. 그래서 큰 식당이나 가게들은 대부분 위조 지폐 식별기를 갖추고 있지. 택시를 타도 마찬가지야. 택시 기사가 돈을 하늘에 비춰 보면서 가짜 돈인지 확인한단다.

워낙 가짜가 많은 나라이다 보니 의사들도 가짜가 많아. 2004년 한 해 동안에만 무려 5만 4,000여 명의 가짜 의사가 적발되기도 했어.

중국의 가짜 상품 제조 기술은 혀를 내두를 정도야. 웬만한 전문가들도 진짜와 가짜를 구별하기 힘들지. 이제는 가짜 인조 달걀까지 등장할 정도야. 달걀 껍질은 석고 가루와 식용 파라핀을 이용해 만들고 흰자는 백반 등 화학 물질을, 노른자는 레몬색 색소를 첨가해서 만들어. 가짜 달걀은 진짜 달걀의 3분의 1 가격으로 진짜와 섞여서 유통되다가 적발되고 말았지.

이러한 제품에 대한 모방뿐만 아니라 디자인과 브랜드 모방도 문제야. 중국에서 젊은이들에게 폭발적인 인기를 끌고 있는 자동차 중에 중국의 체리 자동차 회사가 만든 'QQ'라는 소형차가 있어. 이 차는

얼핏 보면 우리나라 GM대우가 생산하는 경차 '마티즈'와 똑같아. 중국을 찾은 우리나라 사람들은 이 차를 보고 '어, 중국에 마티즈가 많네?'라고 생각할 정도로 똑같지. GM대우는 2004년 말에 중국의 체리 자동차 QQ가 마티즈의 외부 디자인뿐만 아니라 내부 디자인까지 모방했다며 중국 당국에 소송을 걸기도 했어.

또 중국의 한 오토바이 회사는 일본 '혼다(HONDA)' 브랜드의 명성을 빌려 '홍다(HONGDA)'라는 오토바이를 만들어 판매하다가 2003년에 브랜드 사용 금지 판결을 받기도 했지. 미국의 커피 전문점 'STARBUCKS(스타벅스)'를 흉내낸 'STARSBUCK(스타스벅)'도 있어.

심지어는 회사 로고까지도 비슷하게 만들어 달지. 중국의 한 정보 통신 관련 업체인 삼멍(SAMMENG)의 로고는 우리나라 삼성(SAMSUNG) 그룹의 로고와 너무나도 흡사해. 디자인과 색상이 같아서 자세히 보지 않으면 구별할 수 없을 정도야.

중국 정부는 '가짜와의 전쟁'에 나서고 있지만 복제품이 완전히 없어지지는 않고 있어. 그리하여 2004년부터 유명 상표 제품을 공식 체인점 외에 다른 곳에서 판매하는 것을 금지했어. 그러나 베이징의 홍차오 시장과 슈수이 시장, 상하이의 상양 시장 등 대도시에는 복제품을 전문적으로 취급하는 상가가 즐비하지. 길거리에서는 CD와 DVD 불법 복제품이 버젓이 팔리고 있어.

복제품의 천국, 중국

국가 신인도
한 국가의 신뢰성과 장래성을 나타내는 지표. 국가 신인도가 높아야 외국 자본을 보다 많이 끌어 올 수 있다.

중국에서는 '신제품이 나오는 날에 복제품도 함께 나온다'는 말이 있을 정도야. 결국 복제품은 중국 사람들끼리도 서로 믿지 못하는 풍조를 불러일으키고 중국의 **국가 신인도**에 크게 먹칠을 하고 있다고 할 수 있어.

시장에서 물건을 고르고 있는 중국 사람들
중국에는 복제품들이 많기 때문에 꼼꼼히 확인하고 물건을 구입하는 것이 좋다.

중국 사람들은 못 먹는 게 없어

중국을 이야기할 때 빼놓을 수 없는 것 중의 하나가 음식이야. 중국 사람들은 먹는 것을 아주 중요하게 생각해. 그래서 중국에서는 옛날부터 요리가 아주 발달했어. 중국 요리는 프랑스 요리 및 터키 요리와 함께 세계의 3대 요리로 꼽힌단다.

중국은 땅이 우리나라의 약 100배나 될 정도로 넓어서 산해진미가 많고, 56개 민족이 어울려 살고 있기 때문에 음식 종류가 매우 다양하지. 지지고, 볶고, 삶고, 튀기는 등 조리하는 방법도 40가지가 넘어. 한 사람이 태어나서 매 끼니를 중국 요리로 먹는다고 해도 죽을 때까지 다 맛보지 못한다는 말이 있을 정도로 음식의 종류가 다양하지.

중국에서는 아무리 작은 식당을 찾아도 메뉴판이 상당히 두꺼워. 그만큼 요리의 종류가 많다는 이야기지. 동네 변두리 허름한 식당을 찾아도 음식 종류가 100가지는 훌쩍 넘어. 그러나 더욱 놀라운 것은 메뉴판에 적혀 있는 음식들을 모두 만들어 낼 수 있다는 것이야. 그래서 중국을 여행할 때 먹는 재미가 가장 크다고도 할 수 있어.

반면에 음식을 주문하는 것은 참 어렵지. 음식 종류가 워낙 많기 때

해마와 전갈 꼬치
우리나라 사람들에게는 생소한 것들도 중국에서는 좋은 먹을거리가 된다.

얇은 밀가루 부침개
얇게 부친 밀가루에 튀김, 소스, 향채 등을 넣어 먹는 이 음식은 우리 돈으로 약 500원이면 맛볼 수 있다.

문에 중국 사람들도 식당 종업원에게 맛있는 음식을 추천해 달라고 하는 경우가 많아.

중국 요리는 재료에 제한이 없어. 일반적인 재료뿐 아니라 제비집이나 상어 지느러미 같은 희귀한 것도 사용해. 심지어 쥐, 개구리, 뱀, 전갈, 병아리 등 우리나라에서는 먹지 않는 재료도 많아. 곰 발바닥, 원숭이의 골, 모기 눈알 등 상상을 초월하는 요리 재료도 있지.

중국 음식은 여러 가지 향신료와 조미료를 조합시켜 오묘한 맛을 내는 것이 특징이야. 자극적인 맛은 거의 없지만 기름을 많이 쓰기 때문에 느끼한 경우가 많아. 그래서 맵고 짠 것을 좋아하는 우리 입맛에는 싱겁고 밍밍하게 느껴지지. 또 음식을 날것으로는 먹지 않기 때문에 회 같은 것은 없어. 야채도 최소한 살짝 데쳐서 먹는단다.

중국은 땅이 워낙 넓기 때문에 지역별로 요리에 특색이 있어. 중국 요리는 크게 북방 요리와 남방 요리로 구분해. 북방에서는 주로 육류와 밀, 옥수수가 주식이야. 날씨가 춥기 때문에 체온을 유지하기 위해 단백질과 지방이 많은 육류를 즐기지. 반면 남방에서는 생선과 쌀, 해산물을 주식으로 한단다.

전통적인 요리의 천국인 중국에도 개방화 물결을 타고 맥도널드, KFC 등 외국계 패스트푸드가 중국인들의 생활 깊숙이 들어와 있어. 최근에는 컵라면이 그 편리함 때문에 많은 인기를 얻고 있지.

중국 사람들은 밖에서 회식 등을 할 때는 상다리가 휘어질 정도로 많이 먹지만 집에서 먹을 때는 간단하게 차려. 맞벌이 부부가 많아서 먼저 퇴근하는 사람이 음식을 준비하기 때문에 남자들도 요리 솜씨가 대단하단다. 우리나라에서는 아직도 집안일은 여자 몫이라고 생각하는 사람들이 많은데 중국은 그렇지 않아.

전통 있는 중국 식당에서는 이가 나간 접시를 흔히 볼 수 있어. 우리나라 같으면 종업원을 불러서 바꿔 달라고 하지만 중국에서는 그렇지 않아. 그릇이 오래된 만큼 전통이 있다는 것을 상징하기 때문이지.

　식당에서 코스 요리를 먹을 경우 가장 맛있는 요리가 마지막에 나오기 때문에 양을 조절하면서 먹어야 나중에 값진 요리를 맛있게 먹을 수 있어. 요리를 다 먹은 다음에는 주식을 먹게 돼. 주식은 밥, 면, 만두, 찐빵 등인데, 주식이라고 하지만 양이 아주 적어. 중국 사람들은 요리를 맛있게 먹고 마지막에 이러한 것들로 배를 채우지. 중국 사람들은 남은 음식은 싸서 집에 가져가는 것이 일반적이야. 대부분의 요리가 볶고 튀긴 것들이어서 집에서도 쉽게 데워서 먹을 수 있기 때문이지.

중국 요리의 특징

중국의 요리는 동서남북의 4분법에 따라 동쪽은 상하이(上海) 요리, 서쪽는 쓰촨(四川) 요리, 남쪽은 광둥(廣東) 요리, 북쪽은 베이징(北京) 요리가 유명해.

털게찜

▶ 상하이 요리

양쯔 강에서 나는 풍부한 생선류와 해산물이 중요한 요리 재료이고, 쌀밥과 어울리는 요리가 발달했어. 최근에는 중국 최고의 상업 도시답게 중국 각지의 요리가 서로 섞여 새로운 음식을 만들어 내기도 하지. 상하이 요리는 맛이 담백하고 요리의 모양과 색상을 중요하게 여긴단다.

마파두부

▶ 쓰촨 요리

맵고 강한 향이 특징이지. 매운맛 때문에 매운맛을 좋아하는 우리나라 사람들의 입맛에 맞을 것 같지만, 혀가 얼얼할 정도로 맵기 때문에 우리나라의 매운맛과는 상당히 달라. 우리나라에 많이 알려져 있는 마파두부도 쓰촨 요리 중의 하나야.

불도장

◀ 광둥 요리

비교적 기름을 적게 써서 개운하면서도 단맛이 강하고 싱거운 편이야. 서방에 제일 먼저 개방된 곳이어서 서양 요리와 중국 요리가 함께 발달했지. 원숭이, 뱀, 고양이 등 살아 있는 것은 모두 요리로 만드는 상상을 초월하는 음식들이 많은 곳이란다.

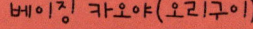
베이징 카오야(오리구이)

◀ 베이징 요리

추위를 견디기 위한 고칼로리 음식이 발달했어. 대표적인 요리로 세계적으로 유명한 오리구이 요리인 베이징 카오야를 들 수 있지. 또 밀가루 음식인 만두와 면 요리도 매우 다양해. 그중 만두 종류인 자오즈(餃子·교자)를 먹어 보지 않고는 진정한 베이징 여행을 했다고 할 수 없을 정도로 자오즈가 유명하지.

6장

중국 사람들의 국민성

만만디에 대한 오해

일본 사람들이 많이 쓰는 말 중에 '잇쇼켄메이'라는 표현이 있어. 번역하면 '일생에 목숨을 걸 정도로 열심히'라는 뜻이야. 일본 사람들은 무슨 일을 할 때 목숨을 걸 정도로 진지하게 하지. 우리나라 사람들도 마찬가지야. 일을 할 때는 몸과 마음을 바쳐 최선을 다하지. 그러나 중국 사람들은 그 정도는 아니야. 열심히는 하지만, 목숨을 걸 정도는 아니라는 것이지. 중국 사람들은 차근차근

천천히 일을 하기 때문에 나름대로 열심히 일을 해도 우리나라 사람들 눈에는 요령을 피우는 것처럼 보일 수 있어.

중국 사람들의 일하는 방식은 국민성과도 깊은 연관이 있어. 중국 사람들의 국민성을 한마디로 표현하기는 어렵지만, 가장 대표적으로 표현할 수 있는 말을 꼽으라면 '만만디'를 들 수 있겠지. 중국을 묘사할 때 '만만디의 나라, 중국'이라는 표현을 자주 쓴단다.

글자 그대로 해석하면 '느리게' 혹은 '천천히'라는 뜻이야. 좋게 말하면 중국 사람들의 여유로움을, 나쁘게 말하면 느림과 게으름을 나타낸 말이지. 그러나 정확하게 표현하면 느리다는 쪽보다는 느긋하다거나 신중하다는 쪽에 가깝다고 할 수 있어. 하지만 언제부터인지 이 만만디가 중국 사람들의 게으름을 나타내는 말로 잘못 쓰이고 있지.

중국 사람들의 만만디 정신은 일을 느리게 한다는 뜻이 아니라 일을 신중하고 여유 있게 처리한다는 것을 말하는 거야. 중국 사람들이 손님을 식사에 초대하고 '만만츠'라는 말을 자주 하는데, 이것 역시 말 그대로 느리게 먹으라는 뜻이 아니고 맛을 느끼면서 느긋하게 먹으라는 것이지.

중국에서 기업의 관리자 위치에 있는 우리나라 사람은 특히 중국 사람들의 만만디를 더 잘 이해해야 해. 생산성과 효율성을 중시한 나머지 중국 사람들에게 우리나라 식의 '빨리빨리'를 강요하면 오히려 좋지 않은 결과를 낳는 경우가 많아. 우리나라와 중국의 문화적 차이를 인정하고 중국 사람들에게 여유를 갖게 하는 것이 오히려 생산성을 높일 수 있는 방법이지.

중국 사람들이 느긋한 이유에는 지리적 요인도 있어. 중국은 땅이 넓고 역사가 길기 때문에 중국 사람들은 생각 자체를 크게 하고, 그러면서 자연스럽게 느긋한 성격이 형성된 것이지.

여하튼 중국 사람들의 느긋함은 알아줄 만해. 예를 들어 육교 위에서 물건을 파는 사람을 자세히 살펴보면 하루에 물건을 몇 개밖에 팔지 못하면서 매일 그 자리를 지키고 있지. 절대로 조급해하지 않아. 집에서 노는 것보다는 낫다는 생각 때문이야. 마치 세월이 이기느냐 내가 이기느냐 내기를 하는 것 같지.

중국의 '마부위침(磨斧爲針)'이라는 고사성어도 중국인들의 만만디 성격을 잘 표현하고 있어. 마부위침은 '도끼를 갈아 바늘을 만든다'는 뜻으로 아무리 이루기 힘든 일도 끊임없이 노력하면 성공하게 된다는 뜻이지. 도끼가 바늘이 될 때까지 참고 기다리는 인내와 끈기야말로 중국 사람들의 국민성이라 할 수 있어.

중국 사람들은 성격이 느긋하기 때문에 얼굴에 감정을 잘 드러내지 않아. 기쁨이나 슬픔을 얼굴에 잘 나타내지 않고 말도 아끼는 편이야. 얼굴만 봐서는 그 사람의 감정을 잘 알 수 없기 때문에 오래 사귀지 않으면 그 사람의 속마음을 잘 알 수가 없단다.

기차에서 본 한가로운 농촌 풍경
중국 사람들의 여유로운 성격에는 지리적인 요인이 크게 작용했다.

중국 사람들은 또 느긋한 성격의 소유자답게 '흥정의 달인'이라고 할 수 있지. 그래서 그들과 흥정이나 협상을 할 때에는 조급함을 보이면 절대로 안 돼. 성격이 급한 우리나라 사람들은 흥정할 때 협상 테이블에서 손해를 보는 경우가 많은 편이야. 우리는 바로 요점을 이야기하고 빨리 끝내려는 경향이 있는데, 중국 사람들을 대할 때는 항상 느긋한 마음을 갖는 게 좋아.

중국 속담에 '사람은 이름이 나면 화를 입고, 돼지는 살이 찌면 도살당한다'는 말이 있어. 우리나라의 '모난 돌이 정 맞는다'는 속담과 같은 의미이지. 중국 사람들은 그만큼 자신이 속한 집단에서 튀는 것을 싫어해. 튀면 손해 본다는 생각 때문이야. 이것 역시 성격이 느긋하기 때문에 가능한 일이야. 중국 사람들은 대부분 성격이 원만하고 대세에 잘 따르며 통일 지향적이지.

중국? 중국!

중국에서는 저녁식사나 파티에 초대를 받는 경우, 먹을 것을 선물로 가져가지 않는다. 또한 중국 사람들은 선물을 선뜻 받지 않는다. 선물을 받기 전에 세 번 정도 거절을 하기 때문에 계속 받으라고 권해야 한다.

뿌리 깊은 중화사상

그러면 중국인들의 가슴속에 뿌리 깊게 자리 잡고 있는 중화사상에 대해 알아볼까?

'중(中)'은 '모든 것의 중심'이라는 뜻이고, '화(華)'는 '문화'를 뜻해. 그래서 '중화(中華)'는 '세계의 중심' 혹은 '문화의 중심'이라는 의미를 갖고 있어. 결국 중국이 세계의 중심이라고 믿는 일종의 중국식 **선민 사상**이라고 할 수 있지. 쉽게 말하면 중국인(정확히 표현하면 한족)만이 신의 선택을 받은 민족이고, 나머지는 모두 오랑캐라는 사상이야. 중화사상에는 하늘 아래 세계는 하나이며, 그 세계의 주인은 중화민족이어야 한다는 오만이 깔려 있어.

그래서 예부터 한족들은 자신들 외의 주변 이민족들을 모두 '덕화' 해야 한다고 믿었지. 덕화는 자신들의 훌륭한 문화와 제도를 주변 민족들에게 심어 주고 황제의 은총이 미치게 해야 한다는 생각으로, 곧 복속을 의미하지. 덕화를 거부하면 가차 없이 무력으로 침략했어. 중국이 수나라와 당나라, 청나라 때 우리나라를 침략한 것도 이 같은 이유 때문이라고 볼 수

> **선민 사상**
> 자기 민족만이 신의 선택을 받았다고 믿는 사상. 은연중에 자기 민족에 대한 우월성을 갖게 되어 타 민족에 대한 차별과 경멸이 나타나기도 힌디.

있어. 자기네에게 고분고분하지 않는다고 쳐들어온 거지. 또 당나라 때는 물론이고 청나라 때에는 서쪽의 많은 나라와 이민족들을 복속시켰단다.

그렇다면 중화사상은 언제부터 생겨났을까? 원래 중국 또는 중화라는 용어는 약 3000년 전부터 사용되어 왔다고 알려져 있지. 중화는

『삼국지』와 『맹자』에도 등장할 만큼 상당히 오래된 용어야. 한족들은 춘추 전국 시대(기원전 771~221년) 때부터 주위 민족들에 대한 문화적 우월 의식을 가졌으며, 스스로를 선택받은 민족이라고 믿었어. 그것이 중화사상으로 굳어졌지. 당시 중국의 통치자들은 스스로 '하늘의 아들'이라는 뜻의 '천자(天子)'라 했고, 중화사상을 바탕으로 자기 민족이 우월하다고 뽐냈어.

조공 무역이라고 들어 봤지? 조공 무역도 따지고 보면 중화사상의 산물이라고 볼 수 있어. 주변국들이 조공을 바치면 중국은 그 몇 배에 해당하는 하사품을 내리는 것이 조공 무역이야. 주변국들이 조공을 바치면서 중국의 체면을 세워 주면 중국은 그 대가로 일종의 답례를 하는 방식이지. 중국은 무역에서는 적자를 보지만 주종 관계를 유지해서 좋고, 주변의 약소 국가들은 중국의 자존심을 세워 주면서 침략당하지 않고 무역에서 흑자를 보니까 좋았지. 누이 좋고 매부 좋은 격이라고 할 수 있어.

중화사상은 한족 외의 이민족들 입장에서 보면 매우 안 좋은 사상이었어. 중화사상에 빠져든 중국은 자기들만 문화 국가이고, 나머지는 모두 오랑캐라고 업신여겼지. 사실 중국 사람들은 자신들 외에 주변 민족들을 북적, 남만, 동이, 서융이라고 부르며 얕잡아 봤어. 중국의 동쪽에 있는 우리나라 역시 동쪽 오랑캐라는 뜻의 동이라고 불렀지.

그러나 중국 사람들이 세상의 중심은 중국이라는 중화사상에 취해 자만하고 있는 사이에 신식 무기로 무장한 서구 열강과 일본은 19세기 말에 중국의 영토와 이권을 손쉽게 빼앗았단다. 중국은 주변 국가를 복속시키는 사상적 토대가 된 중화사상 때문에 오히려 강대국에 무릎을 꿇게 되었지.

21세기를 살아가는 중국인들은 이제는 중화사상이 없어졌다고 말하겠지만 그들의 피 속에는 엄연히 중화사상이 흐르고 있다고 할 수 있어. 물론 서구주의와 외국 자본이 몰려오면서 많이 퇴색되긴 했지만 말이야.

자, 이제 중국집에서 나오는 요리를 함부로 중화 요리라고 하면 안 되겠지? 부르려면 중국 요리 정도가 좋을 거야.

중국? 중국!

독일 제국의 마지막 황제, 카이저 빌헬름 2세가 중화민국 초대 대총통이었던 위안스카이에게 사냥개 한 마리를 선물했다. 후에 카이저 황제는 위안스카이로부터 "잘 먹었다"라는 전보를 받고 몹시 놀라 얼굴빛이 변하였다고 한다.

우회적 표현을 좋아하는 중국 사람들

중국 사람들은 상대방의 체면을 중시하기 때문에 말을 할 때 돌려서 표현하는 것을 좋아해. 직접적인 표현을 삼가는 것이지. 중국어에 '괴만말각(拐彎抹角)'이라는 말이 있는데 '말을 빙빙 돌려서 한다'는 뜻이야.

중국 사람들의 어법이 바로 이런 식이야. 입에 담기 힘든 말은 우회적으로 표현해서 자신의 체면도 살리고 상대방의 체면도 세워 주는 것이지. 또 말을 직설적으로 해서 생길 수 있는 화를 미리 피하려는 의도도 있어. 그래서 중국어에는 비유법이 상당히 발달되어 있어서 대화할 때도 고사성어나 속담을 인용하는 경우가 많지.

중국 사람들은 가능하면 남을 비난하지 않고, 부득이 충고나 비난을 해야 할 때도 완곡하게 표현해. 따라서 중국 사람들에게는 직접적인 비난이나 충고는 안 하는 것이 좋아. 우리나라 사람들은 친구 사이에 충고를 서슴없이 하지만 중국 사람들은 살짝 운만 떼도 대충 알아차리지.

일상적인 대화에서도 직설적인 표현보다는 우회적인 것을 좋아해.

예를 들어 '싫어한다'는 표현 대신 '좋아하지 않는다'라고 하고, '나는 너를 싫어해'보다는 '나는 너를 좋아하지 않아'라고 말한단다. 또 '나쁘다' 대신 '좋지 않다'라고 하고, '밉다' 대신 '예쁘지 않다' 혹은 '보기 힘들다'라고 표현해. '틀리다'는 말도 '맞지 않다'라고 돌려서 말하지.

또 중국 사람들은 명확한 표현 대신 모호한 표현을 많이 쓴단다. 정확하지 않고 두루뭉술하게 답하는 방식이야. 누가 뭘 물어 보면 중국 사람들은 '차부둬'라는 말을 많이 하는데 '대충 비슷하다' 혹은 '이거나 저거나 그게 그거다'라는 뜻이야.

예를 들어 선생님이 "수업 내용을 다 이해했니?"라고 물어보면 "차부둬"라고 대답하는 식이야. 이해했으면 '이해했다', 이해하지 못했으면 '이해하지 못했다'고 명확하게 말해야 하는데 '대충 비슷하게 이해했다'고 답하는 것이지.

예를 또 하나 들어 볼까? 어떤 남학생이 여학생 친구에게 선물을 하고 싶어서 "이것이 좋니, 아니면 저것이 좋니?"라고 물어보면 '이것이나 그것이나'라는 의미로 "차부둬"라고 대답해. 자기가 갖고 싶은 것이 있는데도 자기의 의사를 명확하게 표현하지 않는 거야.

이처럼 말을 명확하게 하지 않는 습성은 역사상 수많은 전쟁을 통해 자신을 지키려는 일종의 자기 보호 본능 때문에 생겨났다고 할 수 있어. 그래서 중국 사람들끼리도 상대방의 진정한 속마음을 잘 모르는 경우가 많단다.

대화할 때 빙빙 돌려서 표현하는 경우가 많기 때문에 중국 사람들도 자신의 뜻이 명확히 전달됐는지 궁금해해. 그래서 말을 마친 다음에는 상대방에게 "밍바이마?" 혹은 "팅더동?", "칭추마?" 이런 식으로 확인해 보는 경우가 많아. 세 가지 질문 모두 '(내 말을) 정확하게 알아들었니?'라는 뜻이야. 자기가 한 말을 자기가 믿지 못하는 셈이지.

부탁을 거절할 때도 우리나라 사람들은 여러 말 하지 않고 간단하게 거절하는데, 중국 사람들은 거절하는 이유를 충분하게 설명하고 다른 방안을 제시하는 경우가 많아. 그래서 중국 사람들이 부드럽게 거절해도 사실은 강한 거절일 수도 있다고 생각해야 돼.

이렇듯 중국 사람들의 빙빙 돌려서 표현하는 어법은 상대방의 자존심과 체면을 지켜 주기 위한 배려라고 할 수 있어.

중국? 중국!

중국에서는 식사를 마친 후에 숟가락을 엎어 놓아야 한다. 사용하고 난 수저를 다른 사람에게 보이지 않는 것을 예절로 여기기 때문이다. 또 중국 사람에게 초대를 받았을 경우에는 초대한 사람이 권해 주는 자리에 앉아야 하며, 준비된 음식에는 적어도 한 번씩 손을 대는 것이 예의이다.

남에게 무관심한 중국 사람들

중국 사람들은 상대방의 체면을 중시하기 때문에 가급적 남의 일에 참견하질 않아. 상대방에게 무안을 줄 수 있다고 생각하기 때문이야. 예를 들어서 상대방의 얼굴에 뭐가 묻어 있어도 그 사실을 알려 주고 싶지만, 상대방이 무안할까 봐 그냥 내버려 두는 거지. 본인이 알아서

처리하라는 식이야. 가정교육에서도 가장 중점을 두는 항목 중에 하나가 '남의 일에 참견하지 말라'는 것이지. 중국 사람들의 이런 생활 태도는 남의 일에 끼어들어서 손해 보는 것을 싫어하는 습성으로 굳어져서 자기와 관계있는 일이 아니면 절대로 모른 척한단다.

길 한가운데에서 교통사고가 발생해서 운전자가 죽어 가는 데도 사람들은 몰려들어서 그냥 구경만 할 뿐 누구 한 사람 나서서 해결하려고 하질 않아. 경찰이 와서 해결할 때까지 그냥 보고만 있는 거지. 남들이 피를 흘리며 싸워도 말리기는커녕 에워싸고 구경만 할 뿐이야. 괜히 참견했다가 봉변을 당할지도 모른다는 생각 때문이지.

남에게 무관심한 중국 사람의 국민성은 중국 사람들조차도 개탄할 정도야. 중국 언론에는 중국 사람들의 무관심한 태도 때문에 일어난 어처구니없는 사건들이 종종 보도되곤 하는데, 중국의 지식인들은 남에게 무관심한 국민성을 고치자고 호소하지만 쉽게 바뀌지 않고 있어.

2005년 12월에는 대낮에 시내버스 안에서 한 소녀가 요금 시비 때문에 안내원에게 목 졸려 죽어 가는 데도 승객들은 말리지 않고 구경만 한 사건이 발생하기도 했지. 기차 안에서 여성 승객이 여러 명에게 맞고 있어도 승객들은 구경만 한 사건도 있었어.

  우리나라 사람들은 남의 일에 참견하고 남에게 관심 갖는 것을 좋아하지만 중국 사람들은 남의 일에 대해 손가락질을 하지도 않고 눈살을 찌푸리지도 않아. '나만 편하면 된다'는 이기심 때문에 정치에도 무관심해서 민주주의가 발달하지 않고 있다는 지적도 있어.

  남의 일에 무관심하다 보니 노인에 대한 공경심도 거의 보기 힘들어. 경로 사상이 발달한 우리나라와는 달리 지하철이나 버스 안에서도 노인에게 좀체 자리를 양보하지 않는단다. 지하철에서도 다른 사람은 신경 쓰지 않고 한 사람이 자리를 넓게 차지하고 앉아 있는 경우도 많아. 길거리에서 침을 아무렇게 뱉거나 도로를 무단 횡단하고, 새치기를 일삼는 등 공중도덕을 지키지 않는 이유도 남을 신경 쓰지 않기 때문이지.

한국보다 더한 반일 감정

중국 사람들은 한국 축구에 대해 공한증이라는 것을 갖고 있어. 중국 축구팀이 한국팀을 좀체 이길 수 없으니까 싸워 보기도 전에 무서워한다는 것을 표현한 말이지.

중국 사람들은 축구 시합에서 우리나라에 지면 기분이 나쁜 것으로 그치지만 일본에 지는 것은 용납하질 않아. 반일 감정이 워낙 뿌리 깊기 때문이지. 2004년 8월 중국 베이징에서 열린 제13회 아시안컵 결승전에서 중국이 3대 1로 일본에 패하자 심판 판정에 불만을 품은 일부 축구 팬들이 일장기를 불태우고 일본 선수단 버스에 돌을 던지기도 했어. 중국 사람들의 반일 감정은 우리보다 훨씬 심하단다. 중국 사람들은 옛날에 우리나라를 속국으로 여겼지만, 일본은 미개한 나라로 생각했어.

사실 일본의 해적인 왜구로 인해 입은

피해도 중국이 우리나라보다 더 심했어. 그래서 일본에 대한 감정이 원래 좋지 않았지.

그러다가 수천 년 동안 천한 나라로 여겼던 일본이 **메이지 유신** 이후 근대 무기로 무장하고 중국을 침략해서 자존심을 짓밟자 반일 감정은 극에 달했어.

1894~1895년에 중국과 일본은 청일전쟁을 통해 최초로 정면으로 맞붙었지. 그전에 있었던 고려와 몽고 연합군의 일본 침공이나 임진왜란 때 우리나라 군대와의 연합 작전은 중국과 일본 두 나라만의 문제는 아니었지. 그러나 중국은 청일전쟁에서 일본에 완패했고 굴욕적인 시모노세키 조약에 서명해야 했어. 이 조약에 따라 타이완과 랴오둥 반도를 일본에게 넘겨 주었지. 일본에게 국토를 빼앗기는 치욕을 겪은 거야.

일본은 거기에서 그치지 않고 1931년 만주(지금의 중국 동북 3성 지역)를 침략했으며 1937년에는 중국으로 쳐들어갔어. 일본은 중국 점령지에서 많은 만행을 저질렀단다. 특히

> **메이지 유신**
> 19세기 말 일본의 메이지 천황 때 바쿠후 정권을 무너뜨리고 왕정 복고를 이룩한 정치 변혁. 일본은 메이지 유신을 통해 근대 국가로 탈바꿈했다.

1937~1938년의 난징 대학살은 중국인들에게 씻을 수 없는 상처를 안겨 주었지. 이때 30여 만 명의 중국 사람들이 일본군에 의해 학살당한 것으로 알려져 있어.

그러나 일본은 난징 대학살은 조작된 것이라고 우겨 왔어. 그래서 중국은 일본 총리의 **야스쿠니 신사** 참배에 대해 우리나라보다 더 반대하는 것이란다. 중국은 일본의 군사력 강화에도 우리보다 더 민감한 반응을 보이고 있어.

특히 2005년 초 일본의 역사 교과서 왜곡 때에는 반일 감정이 극에 달했어. 일본의 역사 왜곡에 성난 시위대들은 일본 차를 부수고 일본 대사관에 돌과 계란, 토마토 등을 던지며 일장기를 불태우기도 했지.

2005년 8월 15일에 광복 60주년을 맞아 중국의 〈신문주간〉이라는 잡지에서 중국 사람들을 대상으로 설문 조사를 했는데, 응답자의 60%가 '일본과는 자원을 둘러싸고 전쟁이 불가피할 것'이라고 답했어. 또 '일본' 하면 떠오르는 것으로는 80%가 '위험한 **군국주의** 국가'라고 응답했지. 설문 조사 결과 중국 사람들의 극심한 반일 감

야스쿠니 신사
일본의 수도인 도쿄의 한가운데에 있는 신사. 제2차 세계대전에서 전사한 이들의 영령이 모셔져 있다. 일본의 정치 지도자들이 야스쿠니 신사에 참배하는 것에 대해 우리나라와 중국을 비롯한 주변 국가는 물론이고 일본 내 일부 지식인들도 군국주의의 부활이라며 반대하고 있다.

군국주의
군사력에 의한 국가의 발전을 중시하고 정치, 교육, 문화 등 국민 생활을 전쟁을 위해 활용하는 주의. 군국주의 국가에서는 군대가 가장 높은 위치를 차지한다.

정을 엿볼 수 있었어.

중국과 일본은 감정 싸움 차원을 넘어서 심각한 외교적 갈등을 빚고 있어. 중국과 일본이 날카롭게 대립하고 있는 곳이 타이완에서 북동쪽으로 190km 떨어져 있는 무인도인 댜오위다오 군도야. 일본은 센카쿠 열도라고 부르지. 이 섬은 현재 일본이 차지하고 있

댜오위다오

어. 섬 자체로는 별 가치가 없지만 근처 **대륙붕**에 세계적인 규모의 석유와 천연 가스가 매장된 것으로 추정되고 있어서 이곳을 차지하면 엄청난 지하 자원을 확보할 수 있지.

역사적으로 볼 때 원래 이 지역은 중국 영토인 것으로 알려져 있어. 그러나 메이지 유신을 통해 근대 국가로 거듭난 일본이 1895년 청일 전쟁 때 군사력을 등에 업고 댜오위다오에 일본 영토라는 표석을 세우고 오키나와 현에 편입시켰지. 그리고 1945년 제2차 세계대전에서 패배한 뒤 타이완은 중국에 돌려 주

대륙붕
대륙이나 큰 섬 주변에서 깊이 200m까지의 경사가 완만한 해저. 대부분 풍부한 지하 자원이 매장되어 있다.

171

었지만, 댜오위다오는 미국에 넘겨 버렸어. 오키나와를 점령했던 미국은 1972년 오키나와를 일본에 반환하면서 이 지역까지 포함해서 다시 일본에 돌려 주었지. 1978년 일본 우익 단체는 이 섬에 5.5m 높이의 등대를 세웠고, 2005년 초부터는 일본 정부가 공식적으로 등대를 관리하고 있어.

중국과 일본은 댜오위다오 군도가 서로 자기 영토라고 주장하면서 외교적으로 갈등을 겪고 있으며 군사적으로 시위도 벌이고 있어. 오성홍기와 일장기를 앞세운 양쪽 잠수함과 구축함들이 댜오위다오 군도를 둘러싸고 팽팽하게 맞서고 있지. 자칫 대규모 군사 충돌이 발생할 수도 있는 상황이야.

이렇듯 긴장감이 감도는 상황 속에서도 두 나라는 한 치의 양보도 없이 대립하고 있단다. 그만큼 댜오위다오 군도가 국익이 되는 지역이기 때문이지.

중국의 반일 감정은 과거형이 아닌 현재 진행형이라고 할 수 있어. 그리고 그것은 과거에 대한 잘잘못을 따지고 일본의 반성을 촉구하기 위한 것임은 물론 일본을 제치고 아시아의 패권을 차지하기 위한 중국인의 자존심이기도 하지.

모든 문화를 포용하는 중국 사람들

중국 문화는 일종의 혼합 문화라고 할 수 있어. 중국 사람들은 중국 고유의 문화를 바탕으로 주변 소수 민족들의 문화를 거리낌 없이 받아들였지. 그래서 중국 문화는 음악, 언어, 음식, 종교 등 많은 분야에서 외래 문화의 영향을 받았어.

중국 사람들의 여유로움과 느긋한 성격은 외래 문화에 대한 포용력을 길러 주었지. 중국 사람들은 다른 민족의 우수한 문화를 받아들여 자신들의 문화를 살찌워 왔어. 그러나 그 과정에서는 항상 중국 문화가 중심에 있었지.

주변 소수 민족의 문화 중에서 영향을 가장 많이 받은 분야는 음식이라고 할 수 있어. 앞에서도 이야기했지만 중국의 음식은 주변 소수 민족 음식과 어우러진 일종의 퓨전 음식이라고 할 수 있어. 중국 사람들이 즐겨 먹는 양고기나 음식에 들어가는 향신료는 중앙아시아 쪽 소수 민족의 영향을 받은 거란다.

언어도 마찬가지야. 중국어의 '닌(당신)'이나 베이징 여행의 필수 코스 중의 하나인 '후통(골목)'이라는 단어는 몽고어에서 왔어. '솨이

(잘 생겼다)'와 '다이푸(의사)' 등의 단어도 원래는 만주어야.

실리에 강한 중국 사람들은 이처럼 음식이든 언어든 자신들에게 이익이 되는 것이라면 외래 문화를 아무 거리낌 없이 받아들이지. 심지어 자기네 글자인 한자의 발음 부호도 알파벳을 이용해서 표기할 정도야. 사전에서 한자를 찾는 방법도 알파벳 순서를 취하고 있어. 또 자동차 번호판에도 알파벳을 사용하고 있단다. 만약 우리나라에서 그랬다간 왜 멀쩡한 한글을 놔두고 알파벳을 쓰냐며 엄청난 반발이 일어나겠지.

우리나라와 비교해 보면 중국의 외래 문화에 대한 우호적인 정도를 쉽게 이해할 수 있어.

중국 사람들은 일본에 대한 반일 감정은 심하지만 일본 대중 문화에는 아주 관대하단다. 일본의 음반이 버젓이 팔리고 있고 방송에서도 일본 프로그램을 아무렇지 않게 내보내지. 이것 역시 문화적 자신감과 포용력이 없으면 절대로 불가능

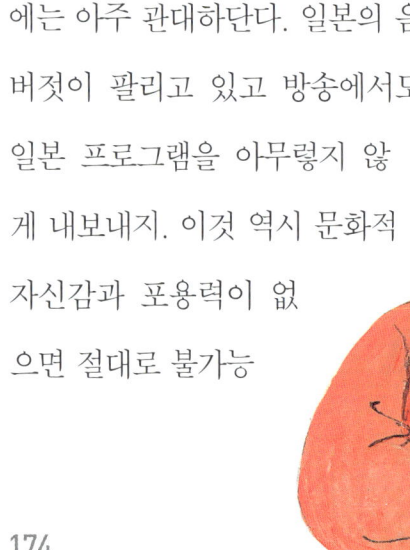

한 일이야. 문화와 감정은 별개라고 보는 것이지.

　외래 문화에 관대한 것처럼 종교에 대한 차별도 없어. 중국 사람들은 모든 종교의 궁극적인 목표는 비슷하다고 여기지. 따라서 서양에서처럼 자기와 종교가 다른 사람을 원수로 여기고 전쟁까지 벌이는 경우는 없어.

　중국의 3대 종교는 유교, 도교, 불교인데 중국 사람들의 종교관은 이 세 가지 종교가 혼합된 형태야. 특히 이 중에서 불교는 인도에서 건너온 외래 종교인데도 쉽게 뿌리를 내렸지. 중국 사람들은 유교, 도교, 불교를 거의 하나로 보고 있어. 심지어 청나라의 옹정 황제는 '불교로 마음을 다스리고, 도교로 몸을 다스리고, 유교로 세상을 다스릴 수 있다'고 말하기도 했지. 세 가지 종교를

다 취한 셈이야.

　이처럼 중국 사람들은 외국 문화에는 관대하지만 외국인에 대해서는 상당한 피해 의식을 갖고 있어. 중국은 청나라 말기 이후 근대화 과정 중 크고 작은 전쟁에서 단 한 차례도 외국을 이겨 보지 못했어. 길고 오랜 역사와 수많은 인구, 거대한 땅과 자원을 갖고 있음에도 불구하고 영국과 프랑스, 그리고 특히 중국이 하찮게 여겼던 일본에게까지 지고 마는 엄청난 수모를 겪었지. 그래서 외국 사람들을 별로 좋아하지 않아.

　게다가 중국이 많은 문제를 안고 있는 티베트 시짱 자치구나 신장 위구르 자치구, 타이완 문제 등을 꺼내는 외국이나 외국인은 '하나의 중국'을 방해하는 훼방꾼으로 여기고 상당히 싫어하지.

중국? 중국!

중국에서는 식사하는 데 많은 예절들이 있다. 초대 받았을 경우, 선물은 짝수로 준비하며, 가급적 벽시계나 탁상시계는 선물하지 않는 것이 좋다. 이는 중국에서는 탁상시계나 괘종시계가 죽음을 상징하기 때문이다.
외국 화폐나 기념주화도 선물해서는 안 되며, 선물은 되도록 가벼운 것으로 오래 기억될 수 있는 실용적인 것을 주는 것이 좋다.

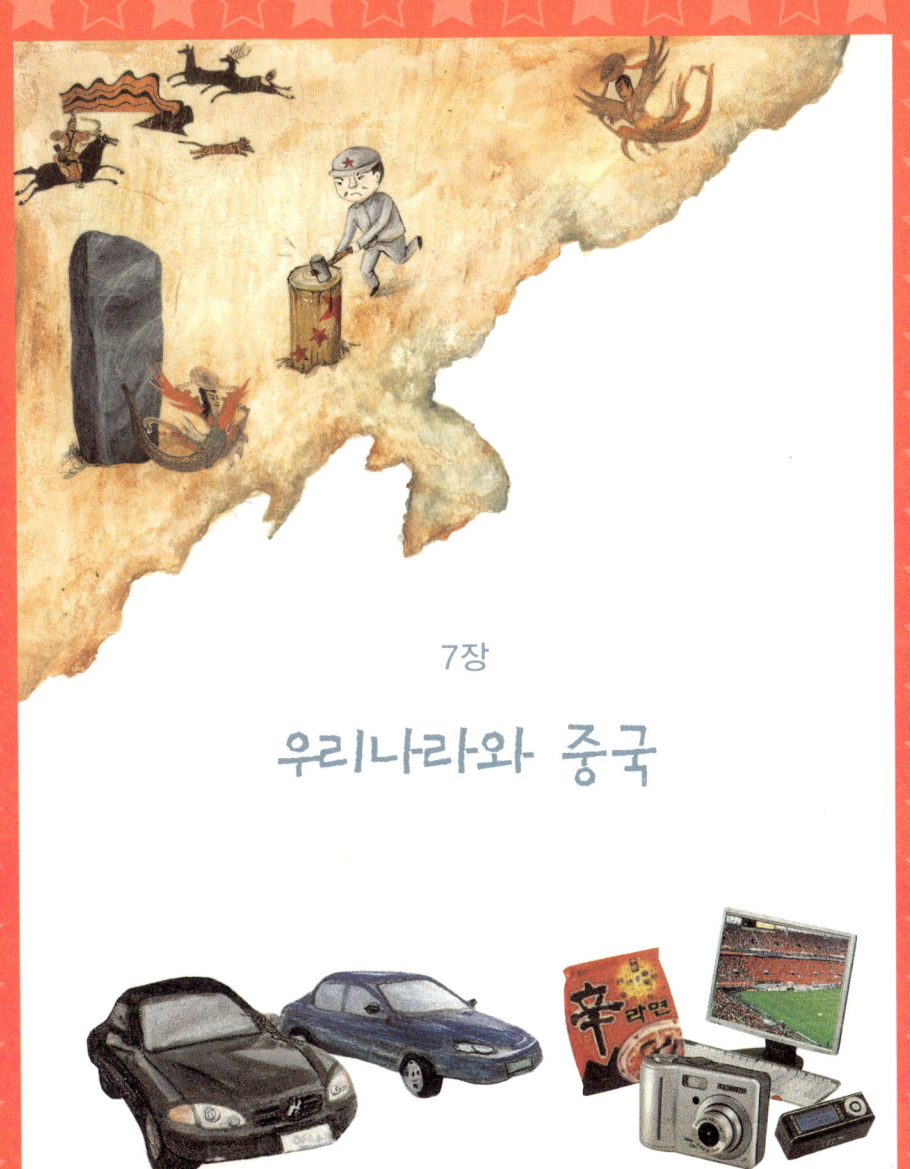

7장

우리나라와 중국

식을 줄 모르는 한류 열풍

중국에서 한류 열풍이 뜨겁다는 것은 다 알고 있지? 1990년대 말부터 우리나라 드라마와 가요가 중국에 보급되기 시작하면서 중국 사람들은 차츰 우리나라 대중 문화에 빠져들기 시작했어. 중국의 언론들은 중국에서 부는 우리나라 대중 문화 열풍을 '한류'라고 부른단다.

2000년대에 들어서면서 중국 내에서 한류 열풍은 급속도로 불기 시작했어. 드라마, 영화, 가요 등의 대중 문화뿐만 아니라 김치, 고추장, 라면 등 음식에까지 한류 열풍이 불었어. 우리나라 가전 제품도 한류 열풍에 힘입어 중국 시장을 휩쓸었지.

TV 드라마 '대장금'은 1억 5,000만 명이 시청했고 주제가는 중국 사람들의 애창곡이 됐어. 대장금을 보지 못하게 한다고 한 주부는 강물에 투신 자살하는 소동을 벌이기도 했단다.

대장금의 인기를 등에 업고 중국에 있는 한국 식당들도 매출이 올랐지. 중국 사람들은 갈비, 불고기, 냉면, 김치 등 우리나라 음식을 좋아하게 됐어.

안재욱, 김희선, 이영애, 전지현, 차태현, 장나라, 동방신기 등 연예인들로부터 시작된 한류 열풍이 이제는 중국 사람들의 생활 전반에까지 영향을 미치고 있는데, 베이징의 택시는 현대 자동차가 휩쓸고 있어. 우리나라의 아반떼와 쏘나타 승용차가 베이징의 얼굴을 바꾸고 있지.

한국어 학습 열기도 뜨거워. 주중 한국 대사관 한국문화홍보원은 1994년부터 무료로 한국어 강좌를 열고 있는데 한류 열풍 때문에 밀려드는 수강생을 감당하지 못할 정도야. 접수 때에는 몇 시간 전부터 신청자가 줄을 서서 기다리는 진풍경이 벌어지기도 하지.

이러한 한류 열풍을 타고 한국과 한국인에 호감을 갖고 한국어를 배우거나 한국 제품을 구매하려는 젊은이들이 늘어났는데 이들을 '허한주(합한족)'라고 부른단다.

한류 열풍에 힘입어 중국과의 교류도 크게 늘어나고 있어. 우리나라와 중국의 인적 교류는 비행기 승객 숫자를 보면 쉽게 알 수 있는데, 우리나라 건설교통부가 2006년 초에 발표한 '국제 항공 수송 실적'에 따르면 2005년 한 해 동안 비행기를 이용해서 두 나라를 오간 사람은 무려 659만 명이나 됐어. 이것은 불과 1년 전인 2004년도에 비해 무려 24.3%가 늘어난 숫자야. 또 우리나라와 중국의 주요 도시 사이에는 하루에만도 100여 편의 비행기가 오가고 있어.

중국에 한류 열풍이 일고 있는 것처럼 우리나라에도 '중국 바람'이 불고 있어. 중국어 학습 붐이 불어서 거리마다 중국어 학원이 우후죽순처럼 생겨났지. 중국어는 일본어, 독일어, 프랑스어, 스페인어 등을 밀어 내고 영어에 이어 제2외국어로 확실하게 자리잡았어. 중국에 진출하는 기업들도 급증하고 있고, 중국에 있는 유학생 수도 우리나라가 단연 1위를 차지하고 있어.

중국도 우리나라에 많은 신경을 쓰고 있단다. 프랑스, 이집트, 몰타에 이어서 세계에서 네 번째로 2004년 말 서울에 중국 문화원을 열기도 했는데, 중국이 서울에 중국 문화원을 개원한 것은 동양에서는 처음이란다.

그러나 한류 열풍에 대한 반작용으로 반한류 움직임도 일고 있어. 일부 중국 언론들은 중국의 허한주들을 마치 외계인인 듯 보도하는가 하면 한류 열풍을 일시적인 현상이라고 깎아내리기도 하지.

중국에서 한류 열풍이 부는 이유는 단지 우리의 문화와 우리의 상품이 우수해서뿐만이 아니야. 그 근본 원인은 중국 사람들이 우리나라 사람들의 끈기와 저력, 그리고 경제 발전을 높게 평가했기 때문이라고 할 수 있어. 그래서 중국에서의 한류 열풍은 상당히 오랜 기간 동안 지속될 거야.

중국에 부는 한류열풍
중국에서는 우리나라 차와 휴대전화 광고를 쉽게 볼 수 있다.
최근엔 한류 열풍에 힘입어 한국어 강의를 듣는 중국인들도 많이 늘었다.

우리나라를 점령한 중국산 상품

1992년 우리나라와 중국이 수교한 이후 두 나라 사이의 무역량이 급증하기 시작했지. 처음에는 50억 달러에 불과했던 무역량이 2010년에는 1,884억 달러에 이르렀어. 18년 만에 약 38배나 증가한 거야.

2005년 11월 부산에서 열린 APEC(아시아태평양경제협력체) 정상 회의에서 한·중 양국 정상은 한중 수교 20주년이 되는 2012년에는 양국 간 무역 규모를 2,000억 달러로 끌어올리자고 합의했지.

중국과 우리나라는 경제적으로 매우 밀접한 관계를 맺고 있어. 우리나라 입장에서 보면 중국이 최대 교역 국가이고, 중국 입장에서 보면 우리나라는 3위의 교역 국가란다.

한국은행 자료에 따르면 2010년의 경우 우리나라는 중국과의 무역을 통해 528억 달러의 흑자를 기록했지. 그래서 중국 정부는 우리나라와의 무역에서 적자를 줄이기 위해 안간힘을 쓰고 있어.

이처럼 중국과의 교역에서 흑자를 본 것은 참으로 반가운 일이지만, 중국과의 교역이 긍정적인 측면만 있는 것은 아니야. 언제부터인지 모르게 중국산 제품이 국내 시장을 점령해 버린 거야. 특히 우리나라에서 유통되는 값싼 공산품과 농·수산물은 거의 모두가 중국산이라고 봐도 되지.

　중국산 농산물은 마늘, 양파 등 180여 개 품목이 수입되고 있어. 우리나라에 수입되는 전체 농산물 중에서 중국산이 16%를 차지하고 있지.

　수입 수산물은 중국산이 38%나 돼. 특히 미꾸라지는 국내 소비량의 84%를 차지하는 등 일부 중국산 수산물은 국내 소비량의 절반을 넘고 있어.

횟집에서 사용하는 생선 세 마리 중 한 마리는 중국산인 것으로 알려져 있지. 삼면이 바다인 우리나라는 1990년대 중반까지만 해도 수산물 수출 국가였으나 이제는 수입 국가가 되어 버렸어.

공산품도 마찬가지야. 할인 매장 등을 찾으면 많은 제품에 하나같이 'MADE IN CHINA'가 찍혀 있지. 우리가 사용하고 있는 장난감이나 학용품, 전자 제품, 옷 등도 중국산이 많아. 하지만 문제는 중국산 제품 중에 불량품이 많아서 우리나라 소비자들이 큰 피해를 입는다는 거야.

무엇보다 우리나라에 수입되는 중국산 중에서 문제가 가장 심각한 것은 중국산 식품이야. 2005년 가을에는 우리나라에 수입된 중국산 김치에서 납 성분 등 유해 물질이 검출됐고 심지어는 기생충 알까지 나와 온 나라가 발칵 뒤집혔지.

중국에서 수입된 장어, 잉어, 붕어, 쏘가리 등 민물고기에서는 발암 물질이 검출되기도 했어. 또 무게를 늘리기 위해 납덩어리를 넣은 꽃게가 적발된 적도 있단다. 중국산 차에서는 납 성분이 검출됐으며 대장균이 기준치 이상 나온 치킨용 무, 방부제가 섞인 양념 깻잎, 농약이 잔류 허용치를 넘긴 송이버섯과 생강, 벌레가 생기는 것을 막기 위

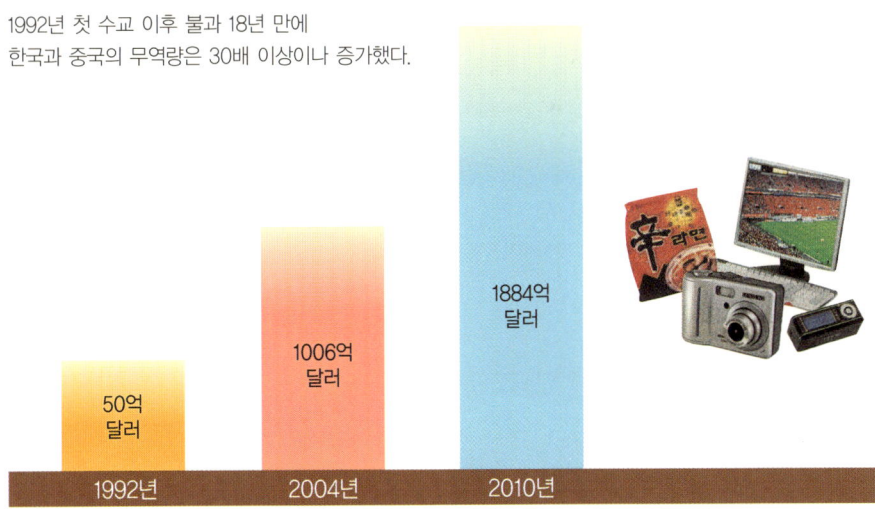

한국과 중국의 무역량은?

1992년 첫 수교 이후 불과 18년 만에
한국과 중국의 무역량은 30배 이상이나 증가했다.

50억 달러 - 1992년
1006억 달러 - 2004년
1884억 달러 - 2010년

〈출처 : KOTRA〉

해 사용하는 이산화황이 기준치를 훨씬 초과한 무말랭이와 연근 등도 적발됐어. 중국산 먹거리가 우리의 식탁을 점령하더니 이제는 우리의 건강을 크게 위협하는 지경에 이른 거야.

이처럼 중국산 유해 식품이 나도는 이유는 식품 안전 의식이 부족한 중국의 일부 상인들과 돈벌이에 눈먼 우리나라 수입상들 때문이지. 또 형식에 그치고 있는 허술한 식품 검사와 수입 절차도 큰 문제야.

중국판 역사 왜곡, 동북 공정

중국은 이른바 '동북 공정(東北工程)'을 차근차근 진행시키고 있어. 동북 공정의 원래 이름은 '동북변강사여현상계열연구공정'으로, 줄여서 동북 공정이라고 하지. 우리말로는 '동북 변경 지역의 역사와 현상에 관한 체계적인 연구 과제'라고 풀이할 수 있어.

동북은 옛 고구려 영토인 중국의 헤이룽장성, 지린성, 랴오닝성 등 동북 지방의 세 개 성을 가리키고, 공정은 영어로 번역하면 프로젝트쯤 되니까 동북 공정은 '동북 지방 프로젝트'라고 할 수 있겠지.

2002년부터 시작된 동북 공정의 원래 취지는 이 지역에 대한 경제 개발이었어. 경제 개발을 통해 변경 지역의 안정을 꾀하고 민족을 단결시킨다는 목적이었지. 그러나 경제 개발이라는 기본 취지에서 벗어나 역사 왜곡이라는 중국의 불순한 의도가 표면화되기 시작하면서 우리의 분노를 사고 있는 거야. 중국은 동북 공정을 통해 고구려 역사에서 한국을 지우고 중국을 덧칠하고 있는 거지.

2004년 7월 1일에 중국과 북한 지역에 있는 고구려 역사 유적이 유네스코(유엔교육과학문화기구)의 세계문화유산에 등재되었어. 그러자 중국은 역사 왜곡을 숨기지 않고 드러냈지.

중국 외교부 홈페이지에 있는 한국 역사 소개 부분에서 고구려 부분을 삭제하고, 고구려 문화 유적 기념 우표를 발행했지. 해외 각국에 배포하기 위해 중국 정부에서 만들어 낸 안내서에서 '고구려는 중국의 소수 민족 정권'이라고 주장하기도 했어. 고구려의 **국내성** 터가 있는 지안시에서도 같은 내용을 담은 관광 안내 책자를 호텔에 놓아두고 홍보하기도 했지.

당연히 우리 국민들은 분노할 수밖에 없었어. 시민 단체는 날마다 항의 집회를 열었어. 우리 정부도 중국에 강력하게 항의했지. 중국은 우리나라와 사이가 나빠질까 걱정해 당시 외교부 부부장(우리나라의 외교부 차관에 해당)인 우다웨이를 2004년 8월 우리나라에 파견해 고구려사 문제를 정치화하지 않고 학술 교류를 조속히 실시하자는 것에 합의했지.

그 후 중국의 역사 왜곡 문제는 잠잠해졌어. 하지만 문제가 아직 완전히 해결된 것은 아니야. 언제 또 중국이 터무니없는 주장을 하고 나올지 모르지. 중국의 역사 왜곡은

유네스코
1946년 국가 간의 교육, 과학, 문화의 보급 및 교류를 통해 협력을 증진시키기 위해 설립된 유엔의 전문기구.

세계문화유산
인류를 위해 보호해야 할 가치가 있다고 인정되어 유네스코의 세계유산에 등록된 문화재. 세계유산에는 자연유산, 문화유산, 복합유산 등 세 종류가 있다.

국내성
고구려의 두 번째 수도로 AD 3년부터 427년까지 고구려의 수도였다.

우리나라의 장구한 역사를 침략하는 행위야. 만약 같은 일이 또 벌어진다면 정부를 비롯해서 온 국민이 강력하게 대응해야 해. 그러면 중국이 이렇게 역사를 왜곡하는 이유가 무엇일까? 그것은

미래에 일어날 수도 있는 영토 분쟁에 미리 대응하겠다는 속셈 때문이지. 만약 우리나라가 통일이 되면 옛 고구려 영토를 놓고 중국과 우리나라 사이에 영토 분쟁이 일어날지도 모르기 때문에 이 지역이 자기네 땅이라고 미리 쐐기를 박아 놓겠다는 거야. 통일 한국이 동북 지역에 대한 영토권을 주장하고 나서면 중국에게는 결코 반가운 일이 아니지. 그래서 고구려는 중국의 소수 민족 정권이라고 주장하면서 이 지역의 역사를 자기네 역사라고 우기는 거야.

중국의 동북 공정에 항의하기 위해 모인 우리나라 시민 단체 회원들

중국 헤이룽장성에 있는 발해국 안내 간판
안내문 앞부분에 '발해국은 중국 당나라 때의
지방 민족 정권'이라고 쓰여 있다.

중국 지린성 지안현에 있는 광개토 대왕비
중국 정부가 훼손을 방지한다는 이유로 최근 유리벽을 쌓아
놓아 가까이 다가갈 수 없다.

　또 다른 이유는 이 지역에 집중적으로 거주하고 있는 조선족들이 민족 의식에 고무되어 분리 독립에 나서는 것을 미리 막기 위한 것이야. 중국은 우리나라가 조선족의 민족 감정을 불러일으키는 것에 극도로 민감하지. 조선족들이 '하나의 중국' 원칙을 위반하고 분리 독립 운동에 나설 수도 있다는 생각 때문이야.

그리고 일부 우리나라 학자들이 동북 지역에 대한 영토권을 주장하고 있어서 이에 대한 맞대응이기도 한 것이지. 중국은 우리나라 학자들의 주장을 매우 못마땅하게 생각해. 또 우리나라 국회 의원 등 유명 인사들이 동북 3성을 방문하는 것에도 신경을 곤두세우고 있어. 하여튼 중국은 영토 문제에 있어서는 민감한 부분이 많은 나라야.

모범적인 소수 민족, 조선족

중국과 우리나라의 관계에서 빼놓을 수 없는 것이 조선족이라고 할 수 있어. 조선족은 우리 민족임이 분명하지만 중국 국민이라는 양면성을 갖고 있지. 중국에 살고 있는 조선족은 약 192만 명으로 중국의 55개 소수 민족 가운데 인구 수에서 13위를 차지하고 있어.

조선족이 중국으로 이주하기 시작한 것은 19세기 조선 시대 말부터야. 경작지가 없었던 조선 농민들이 먹고 살기 위해 중국의 동북 지역으로 이주하기 시작했단다.

당시 청나라는 자신들의 고향인 동북 지역을 신성시하고 일반인들의 출입을 금지했어. 조선 역시 조선인이 나라를 빠져나가는 것을 막았지. 그래서 조선과 청나라는 국경을 몰래 넘는 사람을 체포해서 엄벌에 처했단다. 하지만 이주자가 점차 늘어나면서 그 수를 막을 수 없게 되고 러시아가 극동으로 진출하기 시작하자 위기감을 느낀 청나라 정부는 1883년에 조선 정부와 협약을 맺고 조선인들의 이주를 허락했어.

그 후 조선이 일제 강점기에 접어들면서 일제의 수탈을 못 견딘 농

조선족들이 모여 살고 있는 중국 지린성 옌벤
조선족 자치주 옌지시의 거리.

지난 2002년에 열린 '연변 조선족 자치주 창립 50주년 기념식'에 참가한 조선족 여인들.

민들과 독립 운동의 큰 뜻을 품은 많은 독립 운동가들이 중국의 동북 지역으로 건너가면서 이 지역이 우리나라 독립 운동의 본거지가 됐지.

1945년 일제가 패망할 당시 조선족 숫자는 200만 명에 달했어. 그러나 광복과 함께 한반도로 많은 사람들이 돌아오는 바람에 1949년 중국 건국 당시에는 111만 명으로 줄어들었지.

조선족들은 특유의 근면성과 성실성, 그리고 높은 교육열 등에 힘입어 중국 사회에서 훌륭하게 뿌리를 내렸단다. 중국의 소수 민족 중에서 조선족의 위상은 상당히 높은 편이야. 우리나라의 눈부신 경제 발전과 중국 내의 한류 열풍도 조선족들의 위상을 높여 주고 있어.

조선족들은 우리 민족의 말과 글을 사용하면서 우리 문화를 계승하기 위해 많은 노력을 기울이고 있지. 대부분 조선족이라는 것에 대해 자부심을 갖고 있어. 중국의 각종 개혁 개방 정책에도 잘 적응하고 있

고, 중국 내에서 상대적으로 교육 수준과 경제 수준도 높은 편이야.

그러나 최근 들어 조선족 사회도 서서히 무너지고 있다는 이야기가 나오고 있어. 우리나라에서 돈을 벌어서 돌아간 사람들이 늘어나면서 사치와 낭비 풍조가 생겨났고 한탕주의가 널리 퍼졌지. 인구도 감소하고 있는 데다 민족 정신마저 점차 사라지고 있다는 우려가 일고 있어.

농촌 여성들이 도시나 우리나라로 돈벌이를 떠난 바람에 농촌 총각들의 결혼 문제도 심각해졌지. 또 돈을 벌기 위해 우리나라로 오려는 조선족 중에는 많은 돈을 중개인에게 떼이고 밀항을 하게 되는 경우도 있어. 결국 '**코리안 드림**'이 조선족 사회를 멍들게 하고 있는 것이란다.

일부 조선족들은 우리나라에 대한 좋지 않은 감정을 갖고 있는 것도 사실이야. 모국에 돈을 벌러 왔다가 나쁜 감정만 갖고 돌아가는 경우도 많아. 조선족들은 우리나라 정부가 자신들을 동포로서 따뜻하게 대해 주기는커녕 다른 외국인 근로자와 똑같이 취급하는 것에 대해 몹시 섭섭하게 생각하지.

코리안 드림
'아메리칸 드림'에서 따온 말. 우리보다 못 사는 나라의 사람들이 '한국에서 열심히 일하면 조국에 돌아가 여유롭게 살 수 있다'고 생각하고 우리나라를 찾아오는 것.

중국의 2자오짜리 지폐에 그려져 있는 조선족 여인(지폐 오른쪽)

  또 조선족 근로자들에게 매몰차게 대하는 우리나라의 일부 악덕 기업주들도 문제야. 일부 기업주들은 임금을 떼어먹거나 폭행을 일삼는 등 인권을 침해하는 경우도 있어. 조선족들은 남도 아닌 모국이 자신들을 홀대한다며 울분을 터뜨리지.

  반면 중국에 진출한 우리나라 기업주들은 이왕이면 같은 민족인 조선족을 통역으로 쓰는 경우가 많지만 그들은 어디까지나 중국인일 뿐이야. 조선족들은 자신들의 조국을 중국이라고 여기는 엄연한 중국인들이지. 그래서 조선족들은 중국과 우리나라가 축구 시합을 하면 대부분 중국을 응원한단다. 중국에서 태어나서 중국 정부의 관리 아래 교육을 받고 자란 사람들이기 때문에 당연한 결과야.

이렇듯 조선족은 우리의 민족이면서 동시에 중국 국민이기도 해. '민족'이 먼저인지 '국민'이 먼저인지 따질 수는 없지만, 우리가 그들의 입장에서 생각하고 그들을 이해하려고 노력해야 한다는 것은 분명해. 그들의 선조는 우리나라가 어렵던 시절에 국경을 넘어 조국의 독립을 위해 목숨을 걸고 싸웠지. 또 그들은 우리 민족의 전통을 지키기 위해 애쓰고 있어. 우리는 그들을 같은 동포로서 애정을 갖고 따뜻하게 대해야 한단다.

서울시 구로구 가리봉 시장에 있는 조선족 골목
조선족들이 모여 살면서 하나의 동네를 이뤘다.

넘쳐나는 한국 유학생

중국은 우리나라와 지리적으로 가까운 데다 물가가 다른 선진국에 비해 싸기 때문에 우리나라 학생들이 유학을 많이 떠나고 있어. 특히 최근 우리나라에 중국 열풍이 불면서 조기 유학도 늘어나고 있지.

중국에 유학 중인 외국인 학생들을 국가별로 살펴보면 우리나라 사람이 가장 많단다. 중국 교육부 통계에 따르면 2010년 중국에 있는 외국인 유학생 23만 8,148명 중 우리나라 유학생이 6만 4,232명으로 가장 많았어. 외국 유학생 중 거의 4분의 1이 우리나라 사람인 셈이지. 베이징에 있는 베이징 사범 대학의 경우 우리나라 유학생이 많아서 학교 안에 한국 식당이 따로 있을 정도야.

중국 유학을 가고 싶다면 HSK 자격증을 갖추는 게 좋아. HSK를 요구하는 대학들이 많거든. HSK는 한어수평고시를 줄인 말로 중국어 실력을 평가하는 시험이야. 1급부터 6급까지 있는데 6급이 제일 높은 급수지.

베이징의 우다오커우 지역
한국 유학생들이 자주 찾는 곳으로 한글 간판이 많이 보인다.

중국 학생들은 수능 시험을 통해 대학에 입학하게 되지만, 유학생들은 HSK 등 유학생 전형을 통해 입학하게 되지. 명문 대학이 아니면 입학 원서를 접수하는 것으로 입학이 결정된다고 보면 돼. 중국의 대학들은 돈벌이를 목적으로 외국 유학생들에게 문을 활짝 열어 놓고 있기 때문이야.

이렇게 쉽게 유학길에 오를 수는 있지만 장래에 대한 뚜렷한 계획이 없다면 아무것도 얻지 못하고 돌아올 가능성이 크지. 중국이 세계에서 주목을 받는다고 하니까, 또는 중국 시장이 크다고 하니까 막연하게 뭔가 해 볼 수 있겠지 하는 생각으로 중국 유학을 갔다간 아무런 성과 없이 시간만 낭비하게 될 거야.

중국에서 공부하는 유학생의 수

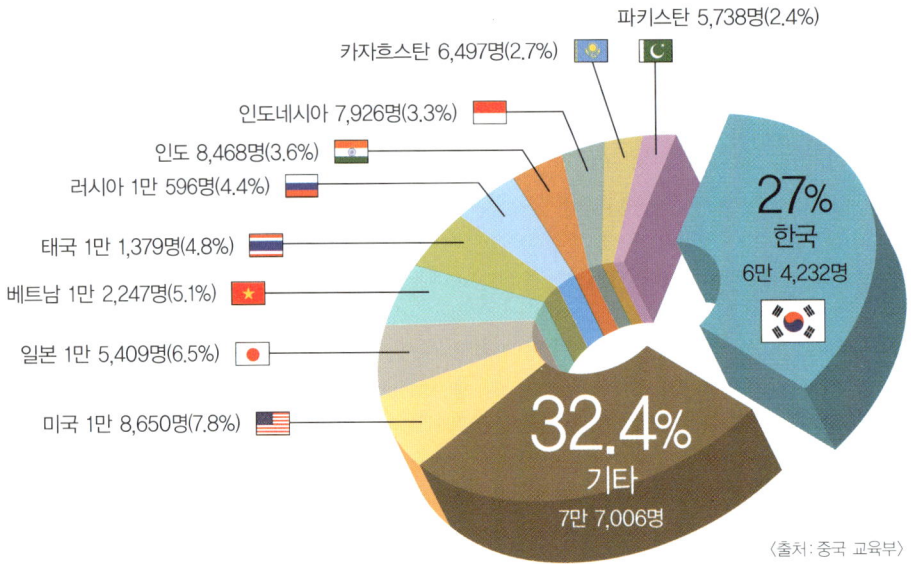

〈출처: 중국 교육부〉

베이징에서 한국인이 많이 몰리는 우다오커우나 왕징 등을 찾으면 방황하고 있는 우리나라 유학생들을 쉽게 발견할 수 있어. 열심히 공부하는 유학생들도 많지만 공부는 내팽개치고 유흥에 빠져 있는 학생들도 있지. 제대로 된 준비 없이 유학을 떠났기 때문이야.

중국 유학을 다녀온다고 해도 모두 중국 전문가가 된다거나 취직이 된다는 보장은 없어. 또 중국에서는 우리나라 유학생뿐만 아니라 인건비가 싸고 학력이 높은 조선족들이 많아서 현지에서 일자리를 찾기도 쉽지 않지. 중국에서는 조선족이 우리나라 유학생들의 경쟁 상대인 셈이야. 중국에 진출한 대부분의 우리나라 기업들은 우리나라 유학생보다는 인건비가 싸면서도 우리말을 잘하는 조선족을 선호하지. 그래서 유학생 중 대학을 졸업하고 현지에서 취직하는 경우는 20% 정도밖에 안 돼. 나머지 30%는 대학원에 진학하고, 50%는 우리나라로 다시 돌아오지.

중국 유학을 결심했다면 유학을 가기 전에 최소한 1~2년 정도는 중국어 공부를 열심히 해야 돼. 중국에 가서 기초적인 것부터 배우려면 너무 늦어. 그리고 일단 유학을 떠나면 공부에 전념해야 돼. 영어 못지않게 중국어도 유창하게 하려면 오랜 시간이 필요하지. 중국에서 몇 년을 살아도 중국어를 제대로 못하는 유학생도 많아. 우리나라 학생들과 어울리다 보니 중국어가 늘지 않는 거야.

중국 사람들이 다니는 학교가 아닌 외국인 학교에 다니면 중국어도 배우고, 영어도 배울 수 있어서 좋긴 하지만 이 역시 엄청난 노력이 필요하지. 제대로 된 교육을 받으려면 학비만도 최소한 1년에 4,000만 원 이상이 필요해. 중국 유학을 만만하게 보면 절대로 안 돼.

중국은 초강대국으로 우뚝 설 수 있을까?

중국은 19세기에 서구 열강들이 밀려오기 전까지만 해도 엄청난 강대국이자 선진국이었어. 서구 열강들의 침략으로 몰락했던 중국은 100여 년 동안의 오랜 혼돈 끝에 21세기를 맞아 다시 국제 사회에서 강대국으로 떠오르고 있지.

청나라 말에는 세계 열강들로부터 '종이 호랑이'라고 놀림받았지만 지금은 아시아의 맹주에 이어 미국의 맞상대로 떠올랐어. 지구촌의 많은 국가들은 중국의 빠른 성장을 숨죽이며 지켜보고 있지.

중국은 2008년 베이징 올림픽과 2010년 상하이 **세계 박람회(EXPO)** 개최를 계기로 선진국으로 도약하겠다는 야심찬 계획을 세워 놓고 있어. 이미 21세기 들어 해외 진출 전략을 세우며 세계 시장 개척에 혈안이 되어 있지. 해양 대국의 꿈을 이뤄 나가겠다는 계획도 세워 놓았어. 거대한 땅을 바탕으로 바다를 개척해 나가겠다는 것이지.

세계 박람회
각 국가가 참가하는 세계적 규모의 경제·문화 올림픽. 1928년 프랑스 파리에서 국제 박람회 기구가 설립되어 개최지를 선정하고 있다. 5년마다 열리고 있으며 2000년 독일 하노버, 2005년 일본 아이치에 이어 2010년에는 중국 상하이에서 개최됐다.

중국은 로켓을 타고 달려간다는 말이 있을 정도로 경제 발전 속도가 매우 빨라. 저가품 하청 생산에서 벗어나 고부가가치 제품을 생산하면서 이제는 거대한 용으로 떠오르고 있지. 전 세계의 많은 경제 전문가들도 중국이 언젠가는 일본과 미국을 따라잡을 수 있을 것으로 예상하고 있어.

중국은 1978년 개혁 개방 이후 눈부신 경제 발전을 이뤄 왔어. 그러나 진정한 선진국으로 발돋움하려면 어떠한 형태로든 정치 개혁이 이뤄져야 해. 1989년 천안문 사태 때에는 민주화를 요구하는 학생들과 노동자, 시민들을 탱크와 장갑차로 억눌렀지만 이제는 민중들의 높아진 민주화 욕구를 총칼로 억누를 수 있는 시대는 지났기 때문이야.

중국은 경제적으로는 시장 경제 체제, 정치적으로는 공산당 1당 독재를 유지하고 있지만 이 체제를 언제까지 이끌어 나갈 수 있을지는 알 수 없어. 특히 인터넷의 보급으로 인해 네티즌들이 정치 개혁을 이

끌지도 몰라. 또 한 해에 6,000만 명에 이르는 해외여행자들도 외국의 선진 민주주의를 경험하고 오기 때문에 공산당 1당 독재를 영원히 유지할 수는 없는 노릇이지.

이와 함께 중국이 진정한 초강대국으로 성장하려면 지역 간 불균형과 빈부 격차 등 내부적인 모순을 시급히 해결해야 해. 그래서 후진타오가 이끄는 중국의 제4세대 지도부는 '허시에(조화로운 사회)'와 '샤오캉(비교적 잘 사는 사회)' 건설을 새로운 통치 이념으로 제시하고 있어. 지역 간, 도시와 농촌 간, 계층 간 소득 격차를 줄이고 소외 계층을 돌보겠다는 것이지.

중국은 세계 2위의 경제 대국, 세계 3위의 군사 대국으로 자리잡았어. 세계에서 세 번째로 유인 우주선 발사에 성공한 나라이기도 해. 지난 1978년 덩샤오핑의 개혁 개방 이후 중국은 미국에 맞설 수 있는 유일한 강대국으로 떠올랐지.

미국이 주도하는 세계인 **'팍스 아메리카나**(Pax Americana)'에 이어 21세기에는 중국 중심의 세계인 **'팍스 시니카**(Pax Sinica)'를 건설하기 위해 중국 사람들은 만만디 정신으로 한 걸음 한 걸음 천천히 내딛고 있어.

중국의 급성장은 우리에게도 기회임이 분명해. 21세기를 맞아 초강대국으로 떠오르고 있는 중국 대륙을 발판으로 우리에게도 도전하고 도약할 수 있는 기회는 언제든지 열려 있으니까.

팍스 아메리카나
로마 제국 전성기를 뜻하는 '팍스 로마나'에서 나온 말로 미국의 지배에 의해 세계의 평화 질서가 유지된다는 것을 표현한 용어. '팍스'는 라틴어로 '평화'를 뜻한다.

팍스 시니카
팍스 아메리카나와 마찬가지로 중국의 지배에 의해 세계의 평화 질서가 유지되는 상황을 표현한 용어이다.